十万个为什么

U0750645

TIYUYUNDONG

体育运动

▶ 牛立红◎编著

企业管理出版社
ENTERPRISE MANAGEMENT PUBLISHING HOUSE

图书在版编目（CIP）数据

体育运动／牛立红编著．—北京：企业管理出版社，2013.10

　　（十万个为什么）

　　ISBN 978-7-5164-0509-3

　　Ⅰ.①体…　Ⅱ.①牛…　Ⅲ.①体育运动–青年读物②体育运动–少年读物　Ⅳ.①G819–49

中国版本图书馆 CIP 数据核字（2013）第 217466 号

书　　　名：	体育运动
作　　　者：	牛立红
选题策划：	申先菊
责任编辑：	申先菊
书　　　号：	ISBN 978-7-5164-0509-3
出版发行：	企业管理出版社
地　　　址：	北京市海淀区紫竹院南路 17 号　　邮编：100048
网　　　址：	http：//www. emph. com
电　　　话：	总编室（010）68701719　　发行部（010）68701073
	编辑部（010）68456991
电子信箱：	emph003@ sina. cn
印　　　刷：	北京兴星伟业印刷有限公司
经　　　销：	新华书店
规　　　格：	160 毫米×230 毫米　16 开本　13 印张　140 千字
版　　　次：	2013 年 10 月第 1 版　2013 年 10 月第 1 次印刷
定　　　价：	26.00 元

版权所有　翻印必究·印装有误　负责调换

前　言

　　本书以简明易懂的语言介绍了人类发展历程中所产生的体育运动的知识，为广大青少年构建起人类文明进步的知识宝库，在一定程度上满足了广大青少年的求知欲和好奇心。

　　全书由五部分构成：球类运动篇；田径运动篇；竞技体育篇；水上与车类运动篇；极限运动篇。

　　在球类运动篇，介绍了关于球类运动的精彩知识，如为什么足球能成为世界第一运动？篮球运动是谁发明的？排球为什么能和足球、篮球并称"三大球"？乒乓球为什么叫"乒乓球"？羽毛球为什么被称为全身运动？为什么网球的计分方式那么奇怪？为什么说橄榄球是从足球衍生出来的？棒球运动为何被美国和日本誉为"国球"？等等。

　　在田径运动篇，介绍了关于田径运动的精彩知识，如为什么说"得田径者得天下"？短跑考验的是人的本能吗？中跑是如何发展到今天的？长跑不仅能健身还能自救？跨栏跑是怎样进行的？接力跑是田径运动中唯一的集体项目吗？为什么马拉松的全程为 26 英里 385 码？等等。

　　在竞技体育篇，介绍了关于竞技体育的精彩知识，如为什么中国的体操比较强？为什么说举重是"世界上最强壮的人"的竞技比赛？击剑是如何发展起来的？为什么说武术是中国的体育项目？射击都有哪些分类？为什么柔道起源于中国却在日本盛行？为什么拳击被称为"勇敢者的运动"？等等。

在水上与车类运动篇，介绍了关于水上运动以及车类运动的知识，如游泳对我们有何好处呢？为什么说水球是一种新兴的体育运动？赛艇、皮艇和划艇的区别在哪里？帆船运动起源于哪里？自行车比赛用车是怎样的？等等。

在极限运动篇、介绍了滑翔、蹦极、滑板、攀岩等各种极限运动。

本书语言通俗易懂，叙述生动有趣，介绍的体育内容准确翔实，会让青少年喜欢阅读，并且对体育运动产生浓厚兴趣。相信本书能够帮助青少年增长知识，开阔视野，帮助青少年打开一扇了解体育世界的窗口，成为孩子们了解世界的最佳读物。

目　录

球类运动篇

极限运动篇

球类运动篇

体育运动

为什么足球能成为世界第一运动?

　　伦敦皇后大街共济会酒馆，这是现代足球的诞生地，足球史上里程碑式的会议在这里召开。此前的 1848 年，剑桥大学分院曾尝试创立一部有关足球比赛的规则，虽未受公众认可，但统一规则已经成为共识。1863 年 10 月 26 日，来自伦敦 11 个俱乐部和学院的代表们在共济会酒馆召开会议，制定规则并创立权威的足球组织，这一天也被公认为现代足球的生日。

　　男女足球分别于 1900 年第 2 届奥运会和 1996 年第 26 届奥运会被列为比赛项目。1904 年 5 月 21 日，国际足联在法国巴黎成立。第一次世界大战后，职业足球开始风靡于欧洲和南美。但当时的奥运会足球比赛仍然禁止职业球员参加，1920 年罗马会议上，国际足联做出了实际上承认非公开性职业足球为业余足球的瑞士提案，导致英国的四个足协集体退出国际足联以示抗议，使得奥运会足球比

赛的水平大打折扣。

1930 年首届世界杯足球赛举行，这一世界大赛的展开使奥运会足球赛更陷入困境。直至 1988 年，国际足联才正式决定，今后奥运会足球赛的球员年龄将限制在 23 岁以下，并列为国际足联系列赛四个年龄组中的一个世界大赛，从 1992 年第 25 届奥运会上开始实施。这一变革使奥运会足球赛的吸引力空前提高。

足球运动是以脚支配球为主，两个队在同一场地内进行攻守的体育运动项目。一场精彩的足球比赛，吸引着成千上万的观众，它已成为电视节目中的重要内容，有关足球消息的报道，占据着世界上各种报刊的篇幅，当今足球运动已成为人们生活中不可缺少的组成部分。据不完全统计，现在世界上经常参加比赛的球队约 80 万支，登记注册的运动员约 4000 万人，其中职业运动员约 10 万人。

足球成为世界第一运动的理由有哪些？

运动的精华

足球的本身集合了人类各运动的特点，运动员之间的突然起动，竞跑争球，就像是短跑；守门员上纵下跳，横扑侧扑，就像跳的项目；那些柔韧性好的运动员一个倒挂金钩，鱼跃冲顶，像体操；两个运动员之间的合理冲撞，又有点像橄榄球的展现力与美……

大众化

足球运动对参与者的要求不高是个重要原因。踢足球的运动员，高矮肥瘦问题都不大，不像其他运动。比如说橄榄球，块头小的肯定吃大亏；篮球运动更是"长人"们的天下。而足球则不同，这样就给全世界的所有孩子提供了做"巨星梦"的机会。

不可预知性

足球运动比赛结果的偶然性是造成全世界球迷狂热的重要原因。因为在足球世界里，没有绝对的强队。曼联有可能被一支名不见经传的乙级队甚至是业余队"扳倒"。球星堆起来的巴西队曾经在奥运会足球比赛里就被那时还稚嫩的日本队击败。1966 年，足球"第三世界"的朝鲜队曾经击败过意大利队闯进世界杯八强。所以，在足球比赛里，不到最后一刻，你永远不知道事情的结果。

争议性

"足球最大的魅力在于它具有争议性。"一位有远见的老人说了一句有远见的话。这个老人是前国际足联主席阿维兰热。没错，如果足球比赛都是判罚得很"死"，很机械的话，那足球就失去了它巨大的魅力。正因为裁判是人，可能错判，可能受贿操纵比赛等等，才有了声势浩大的争议和更多人的关注。

篮球运动是谁发明的？

篮球是一个由两队参与的球类运动，每队出场 5 名队员。目的是将球进入对方球篮得分，并阻止对方获得球或得分。可将球向任何方向传、投、拍、滚或运，但要受规则的限制。篮球比赛的形式多种多样，也有最流行的街头三人篮球赛，是三对三的比赛，更讲究个人技术。当今世界篮球水平最高的联赛是美国的国家篮球协会（NBA）。篮球在 1904 年列入奥运会的表演项目，到 1936 年柏林奥运会成为正式项目。女子篮球到 1976 年蒙特利尔奥运会才成为正式项目。

篮球，这项魅力无穷的运动起源于 1891 年，已经有 119 年的历史。它起源于美国。1891 年 12 月初，在美国马萨诸塞州的斯普林费尔（SpringField）基督教青年会国际训练学校（后改为春田学院，现在的斯普林菲而德大学篮球纪念馆所在地）的体育教师、美籍加拿大人詹姆斯·奈史密斯博士所发明的。（奈史密斯博士于 1939 年去世，终年 78 岁。）

当时，学校交给他一项任务，在 14 天内要发明一种室内运动项目：它既不损害运动员身体，也不破坏体育设备，更具有体育道德精神。

面对这项艰巨的任务，他绞尽了脑汁，开始他试图将各种不同的室外运动转变为室内运动，但是都失败了。后来他回忆起自己童年时代在加拿大玩过的一种儿童游戏，便根据这种游戏，编写了篮球最早的 13 条规则。

由于篮球是为在室内开展而设计的项目，所以最初的篮球场是设在体操馆内的。奈史密斯博士在体操馆的地板上距墙 6 英尺（1.82 米）画出界线，构成了基本的比赛场地。然后他把两只盛桃子的木框钉在体操馆两端的墙上，距地面 10 英尺（3.05 米）作为"球门"。起初人们称这种游戏为"奈史密斯球"或"筐球"，很长一段时间之后，经过他与同事们反复商量才定名为"篮球"。于是"篮球"便产生了！

最初的球场面积为：大致 200 英尺 × 150 英尺。这时的面积较大，为的是使更多的人能够参加这项运动。到 1897 年限定篮球场的面积为 3500 平方英尺。这期间，大学规则限定比赛场地的尺寸为 90 英尺 × 55 英尺，大体上接近现代的场地大小。现代篮球运动已经发展成为一项具有灵活巧妙的技术和多元化的战术相结合的竞赛活动。从事篮球运动能促使人体的力量、速度、耐久力、灵活性等素质全面发展，并能提高内脏器官、感觉器官和神经中枢的功能；它对培养勇敢、机智、集体主义和组织纪律性等品质都有很大益处。

最初的篮球比赛，对上场人数、场地大小，比赛时间均无严格限制。只需双方参加比赛的人数必须相等。比赛开始，双方队员分别站在两端线外，裁判员鸣哨并将球掷向球场中间，双方跑向场内

抢球，比赛开始。持球者可以抱着球跑向篮下投篮，首先达到预定分数者为胜。1892 年，奈史密斯制定了 13 条比赛规则，主要规定是不准持球跑，不准有粗野动作，不准用拳击球，否则即判犯规，连续 3 次犯规判负 1 分；比赛时间规定为上、下半时，各 15 分钟；对场地大小也作了规定。上场比赛人数逐步缩减为每队 10 人、9 人、7 人，1893 年定为每队上场 5 人。1904 年在第 3 届奥林匹克运动会第 1 次进行了篮球表演赛。1908 年美国制定了全国统一的篮球规则，并有多种文字出版，发行于全世界。这样，篮球运动逐渐传遍美洲、欧洲和亚洲，成为世界性运动项目。

1936 年第 11 届奥运会将男子篮球列为正式比赛项目，并统一了世界篮球竞赛规则，此后，到 1948 年的十多年间，规则曾多次修改。

篮球运动是 1896 年前后由天津中华基督教青年会传入中国的，随后在北京、上海基督教青年会里也有了此项活动。

1892 年，篮球运动的发明人奈史密斯订出 18 条简易规则，篮球运动进入对抗比赛的阶段，继而产生了比赛的组织领导者、执法公断者——裁判员。

外国称篮球裁判为"球证"，每场比赛有正、副两个"球证"。新中国成立前，我国称篮球裁判为"司令"，每场篮球赛只有一个"司令"。后改称裁判员，每场球赛设正、副两个裁判员。

我国现行篮球裁判分为五级：国际级、国家级、一级、二级、三级。由于篮球比赛的速度强度都越来越大，为了更全面、准确地执行规则，有些国家已开始试行每场比赛设前、中、后三个裁判员。

排球为什么能和足球、篮球并称"三大球"？

排球，球类运动项目之一，球场为长方形，中间隔有高网，比赛双方（每方 6 人）各占球场的一方，用手把球从网上空打来打去。排球运动使用的球，用羊皮或人造革做壳，橡胶做胆，大小和

足球相似。

排球运动源于美国。1895 年，美国马萨诸塞州霍利约克市，由一位叫威廉斯·盖·摩尔根的体育工作人员发明的。当时，网球、篮球很盛行。摩尔根先生认为篮球运动太激烈，而网球运动量又太小，他想寻求一种运动量适中，又富于趣味性，男女老少都能参加的室内娱乐性项目，就想把当时已广为流行的网球搬到室内，在篮球场上用手来打。于是经过各方面的努力，就产生了排球。这个新的运动项目最初起名叫 mintonette（小网子）。1896 年，斯普林菲尔德市立学院的艾·特·哈尔斯戴特博士将此球命名为"华利波"（VolleyBall），意为"空中飞球"，这个名字沿用至今。

排球这个新的运动项目，于 1896 年斯普林菲尔德市斯普林菲尔德青年会干事培养学院青年会召开青年会体育干事会时，该校学生以示范表演的形式与观众正式公开见面后，就博得了观众的喜爱和赞赏。同年，在马萨诸塞州的斯普林菲尔德市举行了第一次排球公开赛。这是世界上第一场排球比赛。当时比赛采用五人对五人。从那以后，这个新的运动项目在各学校迅速开展普及开来。与此同时，这项运动也引起了美国军队的兴趣，并把排球列入军事体育项目，广泛在军队中开展，在空军中一度达到狂热的程度。

排球传入中国的时间，一说是 1905 年，一说是 1913 年。VolleyBall 在我国最早译为"队球"（也叫"华利波"），后改"排球"。将"华利波"改称"排球"是在 1925 年 3 月举行的广东省第 9 届运动会上，主要取其分排站立之意。在 1964 年东京举行的第 18 届奥运会上，首次进行了排球比赛。

排球运动自 1895 年创始以来，迄今已有一百多年的历史。排球从开始仅仅是少数人的一种游戏、娱乐的手段，发展到今天已成为遍及世界五大洲，为广大群众所喜闻乐见的体育运动项目之一，从而与足球、篮球称为"三大球"。

之所以能成为"三大球"之一，是因为排球有如下优势：

广泛的群众性

排球场地设备简单，比赛规则容易掌握。既可在球场上比赛和训练，也可以在一般空地上活动，运动量可大可小，适合于不同年龄、不同性别、不同体质、不同训练程度的人。

技术的全面性

规则规定，每个队员都要进行位置轮转，既要到前排扣球与拦网，又要轮到后排防守与接应。要求每个队员都要进行队员必须全面地掌握各项技术，能在各个位置上比赛。

高度的技巧性

规则规定，比赛中球不能落地，不得持球、连击。击球时间的短暂，击球空间的多变，决定了排球的高度技巧性。

激烈的对抗性

排球比赛中，双方的攻防转换始终是在激烈的对抗中进行。高水平比赛中，对抗的焦点在网上的扣拦上。在一场比赛中，夺取一分往往需要经过六七个回合的交锋。水平越高的比赛，对抗争夺也越激烈。

攻防技术的两重性

排球是多种技术都可以得分，也能失分的项目。这种情况在决胜局比赛中更加突出，所以说每项技术都具有攻防的两重性，因此，要求技术既要有攻击性，又要有准确性。

严密的集体性

排球比赛是集体比赛项目，除发球外，都是在集体配合中进行的。没有严密的集体配合，再好的个人技术也难以发挥，更无法发挥战术的作用。水平越高的球队，集体配合就越严密。

自 1949 年举行第 1 届世界男子排球锦标赛以来，国际排球运动有了较大的发展。特别是 1964 年奥运会把排球运动列入正式竞赛项目后，各国对它普遍重视，它的技术、战术发展已进入了一个新的阶段。20 世纪 50 年代，苏联和东欧一些国家的排球运动成绩一直处于领先地位。60 年代，日本女排一跃而夺得世界冠军。70 年代，日本、中国、朝鲜韩国等亚洲队，以快速多变的打法著称于世；在拉美以弹跳见长的古巴队和进步较快的美国女排，也引起人们瞩目。1980 年初，世界女排呈现出中、日、苏、古、美五强对峙的形势。从男排的情况看，身材高大、实力雄厚的苏联队仍处于领先地位。保加利亚、罗马尼亚、古巴、中国、波兰、巴西、捷克斯洛伐克、意大利和韩国等队也争相全面提高技术。

乒乓球为什么叫"乒乓球"？

乒乓球，中国国球，也是一种世界流行的球类体育项目。它的英语官方名称是"table tennis"，意即"桌上网球"。乒乓球一名起源自 1900 年，因其打击时发出"Ping Pong"的声音而得名，在中国就以"乒乓球"作为它的官方名称，我国香港及澳门等地区亦同时使用。然而，中国台湾和日本则称为"桌球"，意指"球桌上的球类运动"。

乒乓球起源于英国，欧洲人至今把乒乓球称为"桌上的网球"，由此可知，乒乓球由网球发展而来。

1890 年，几位驻守印度的英国海军军官偶然发觉在一张不大的

台子上玩网球颇为刺激。后来他们改用空心的小皮球代替弹性不大的实心球，并用木板代替了网拍，在桌子上进行这种新颖的"网球赛"，这就是 table tennis 得名的由来。

乒乓球单人比赛原来一般采取三局两胜或五局三胜制（每局21 分），2001 年改为七局四胜制或五局三胜制（每局 11 分），所谓"局"，英文是 set，发球叫 serve。

20 世纪初，乒乓球运动在欧洲和亚洲蓬勃开展起来。1926 年，在德国柏林举行了国际乒乓球邀请赛，后被追认为第一届世界乒乓球锦标赛，同时成立了国际乒乓球联合会。

乒乓球运动的广泛开展，促使球拍和球有了很大改进。最初的球拍是一块略经加工的木板，后来有人在球拍上贴了一层羊皮。随着现代工业的发展，欧洲人把带有胶粒的橡皮贴在球拍上。在 20 世纪 50 年代初，日本人又发明了贴有厚海棉的球拍。最初的球是一种类似网球的橡胶球，1890 年，英国运动员吉布从美国带回一些作为玩具的赛璐珞球，用于乒乓球运动。

在名目繁多的乒乓球比赛中，最负盛名的是世界乒乓球锦标赛，起初每年举行一次，1957 年后改为两年举行一次。

乒乓球运动于 1988 年获得奥林匹克运动会承认，正式成为比赛项目，其中包括男子单打、女子单打、男子双打及女子双打。但是国际乒乓球联合会出于增加比赛精彩程度的考虑，在雅典奥运会期间与国际奥委会及相关各方商议后，宣布在不增加参赛总人数的情况下，在 2008 年奥运会上以团体比赛取代双打比赛。该项提议已经在 2005 年 10 月的国际奥委会新加坡会议上获得批准。

乒乓球是我国的国球，我们国家在乒乓球历史上占有很强的地位，20世纪60年代以来，我国选手取得世界乒乓球比赛的大部分冠军，甚至多次包揽整个赛事的所有冠军。

羽毛球为什么被称为全身运动?

羽毛球是一项隔着球网，使用长柄网状球拍击打平口端扎有一圈羽毛的半球状软木的室内运动。依据参与的人数，可以分为单打与双打。相较于性质相近的网球运动，羽毛球运动对选手的体格要求并不很高，却比较讲究耐力，极适合东方人参与。自1992年起，

羽毛球成为奥运会的正式比赛项目。

18世纪时，印度的蒲那城，出现类似今日羽毛球活动的游戏，以绒线编织成球形，上插羽毛，人手持木拍，隔网将球在空中来回对击。这种游戏流行时间不长便消失了。

现代羽毛球运动诞生于英国。1873年，在英国格拉斯哥郡的伯明顿镇有一位叫鲍弗特的公爵，在庄园里进行了一次"蒲那游戏"的表演。因这项活动极富趣味性，很快就风行开来。此后，这种室内游戏迅速传遍英国，"伯明顿"即成为英文羽毛球的名字。

羽毛球运动约于1920年传入我国，新中国成立，此项运动得到迅速发展。20世纪70年代我国羽毛球队已跻身于世界强队之列。70年代，国际羽毛球坛是印度尼西亚与我国平分秋色。80年代，优势已转向我国，说明我国羽毛球运动已达到世界先进水平。羽毛球在1992年巴塞罗那奥运会上被列为正式比赛项目，共设男、女单打和男女双打及混合打5项比赛。

羽毛球之所以被称为全身运动，主要是因为：

无论是进行有规则的羽毛球比赛还是作为一般性的健身活动，都要在场地上不停地进行脚步移动、跳跃、转体、挥拍，合理地运用各种击球技术和步法将球在场上往返对击，从而增大了上肢、下肢和腰部肌肉的力量，加快了锻炼者全身血液循环，增强了心血管系统和呼吸系统的功能。据统计，大强度羽毛球运动者的心率可达到每分钟160~180次，中强度心率可达到每分钟140~150次，低强度运动心率也可达到每分钟100~130次。长期进行羽毛球锻炼，可使心跳强而有力，肺活量加大，耐久力提高。此外，羽毛球运动

　　要求练习者在短时间内对瞬息万变的球路作出判断，果断地进行反击，因此，它能提高人体神经系统的灵敏性和协调性。

　　羽毛球运动适合于男女老幼，运动量可根据个人年龄、体质、运动水平和场地环境的特点而定。青少年可作为促进生长发育、提高身体机能的有效手段进行锻炼，运动量宜为中强度，活动时间以 40～50 分钟为宜。适量的羽毛球运动能促进青少年增长身高，能培养青少年自信、勇敢、果断等优良的心理素质。老年人和体弱者可作为保健康复的方法进行锻炼，运动量宜较小，活动时间以 20～30 分钟为宜，达到出出汗、弯弯腰、舒展关节的目的，从而增强心血管和神经系统的功能，预防和治疗老年心血管和神经系统方面的疾病。儿童可作为活动性游戏方法来进行锻炼，让他们在阳光下奔跑跳跃，并要求他们能击到球，培养他们不畏困难，不怕吃苦，不甘落后的品质。

为什么网球的计分方式那么奇怪?

网球(Tennis)是一项优美而激烈的运动,网球运动的由来和发展可以用四句话来概括:孕育在法国,诞生在英国,开始普及和形成高潮在美国,现在盛行全世界。

现代网球运动一般包括室内网球和室外网球两种形式。网球运动最早起源于12—13世纪法国传教士在教堂回廊里用手掌击球的一种游戏,后来成为宫廷里的一种室内消遣娱乐活动。也有人认为,网球运动的起源应追溯到"百年战争"(1337—1453年英法两国战争)以前在法国民间流传的一种名叫海欧·德·巴乌麦的球类游戏。据说这种游戏是两个人进行的,每人各执一个球拍,球场的周围筑有围墙,球撞到墙上后被弹回去,而后过网。因此,无论从使用的场地和器具上,还是从进行游戏的方法上,它与现代网球运动都有许多相似之处,所以有人把它看作是网球运动的原初形态。网球的直径在6.541~6.858公分之间。起初的网球,只是两个半球填充草、树叶或头发等制成的,后来随着网球的不断发展,球的制作也越来越讲究。

关于网球为什么用如此不规则的计分方式,各种说法不一。

一种说法认为,15、30、40这三个数字绝不是由人们随意选用的。一位名叫琴·高斯林的人经过研究后认为，这三个数字一定是当时那些打网球的人所熟悉或使用的测算单位，是参照天文的六分仪而来的。六分仪于1/6个圆一样，共有60度，每度分60分每度又分60秒。当时的网球赛每局就有4分，4个15分为一度，和4个15度构成1/6个圆一样，采用15为基数以计算每一分球的得失。至于45改成40，是为了报分发音的简便。早期的网球赛每盘为4局，每局有4分，17世纪初改成了每盘6局，这个规则至今未变。

而另一种说法却认为关于这个问题要追溯到网球运动的起源。网球是在14世纪起源于法国刘易斯王朝时代，在宫廷中举行的"jeude paume"（意为"用手掌击球的游戏"）。后来在19世纪引进英国，改良在草皮上举行。

因为最原始的网球运动是起源于宫廷之中，所以计分方法就地取材是可以理解的。他们拿可以拨动的时钟来计分，每得一次分就将时钟转动1/4，也就是15分（a quarter，一刻），同理，得两次分就将时钟拨至30分，当然一切都是以他们的方便为基础。这就是15分、30分的由来。

至于40分，它比较怪异，它不是15的倍数。这是因为在英文中，15分念做"fifteen"，为双音节，而30分念做"thirty"，也是双音节；但是45分，英文念做"forty－five"，变成了三个音节，当时英国人觉得有点拗口，也不符合"方便"的原则，于是就把它改成同为双音节的40分（forty）。这就是看来不合逻辑的40分的由来。虽然这样的计分方法看来有些奇怪，但还是依循传统沿用至

今，毕竟大家都已经习惯了这种来自宫廷的计分方法。

网球运动于 1885 年传入我国，迄今已有一百多年的历史，比起篮球（1901 年）、排球（1905 年）、乒乓球都要早得多。网球运动自首届奥运会之后发生了很大变化，今天的奥运会网球比赛吸引了众多耀眼明星。这些习惯了五星级宾馆和高额比赛奖金的职业网球选手在奥运会期间却同样要待在奥运村里，比赛没有奖金，他们仅仅是为了金牌而战。网球在 1924 年之后退出了奥运会，原因除了在职业运动与业余运动之间很难划出一条分界线之外，很多原因不一而足。直到 1988 年的汉城奥运会才恢复成为奥运会正式比赛项目。

为什么说橄榄球是从足球衍生出来的？

橄榄球运动是一项两队相互对抗的，剧烈而且又富有欣赏性的球类运动项目。橄榄球比赛时通过运用个人技术的相互配合，以达攻守的目的，它的特点是参加比赛的人数最多，是所有球类项目无法比拟的。一场比赛有 30 人在场上奔跑争夺，场面十分壮观；其次场地最大、技术复杂、战术多样。在比赛中，不仅要求运动员有强壮的体魄，高大的身材，快速的奔跑能力和勇敢顽强的意志，而且还要求运动员在有对手阻拦的情况下能完成复杂的身体接触的技术动作和战术配合。它要求运动员既有篮球运动员的手法灵活性和弹跳能力，又要有足球运动员娴熟踢球脚法的功夫，还要有田径短跑运动员的快速敏捷的速度。它是一项集篮球、足球、田径为一体的综合体育项目，具有很高的趣味性和观赏性。

橄榄球起源于英国，原名为拉格比足球。因为其球形很像橄榄，在中国即被称为"橄榄球"，拉格比其实是一个英格兰小镇的名字，在这个小镇上有一间叫拉格比的公立学校，那是橄榄球运动的诞生地。

据传说，在 1823 年的时候，该学校举行了一次足球比赛，当

时比赛十分激烈。其中有一个名叫威廉·韦伯·埃利斯（William Webb Ellis）的 16 岁的小男孩，因为比分落后，情急之下，他竟然抱起地上的球就向对方的球门跑去。以后在学校的足球比赛中，抱球跑的情况经常发生。虽然在当时这个举动违反了足球的规定，却给人们一个新的启示，这种抱球跑的现象，给比赛增加了激烈竞争的对抗气氛，时间一长也就被人们接受了，成为一种合法的动作。就这样，一项新的、有利于身体全面发展，具有很高锻炼价值的运动，橄榄球运动——逐渐地从足球运动中派生出来了。

1839 年以后，这项运动在剑桥等大学逐渐开展起来，并相继成立了拉格比俱乐部。1871 年正式成立了英式橄榄球协会，经常进行比赛，此后，英式橄榄球很快传入了欧美国家。1890 年，建立了国际橄榄球组织，1906 年，在法国举行了国际橄榄球比赛。自此以后，英式橄榄球运动，在不少国家也开展起来了，并不断发生变化。许多国家都创造出了适合自己国家的橄榄球运动，其中最为著名的就是美式足球。现今世界上，有约 94 个国家流行橄榄球运动，国际最高的组织机构是国际橄榄球理事会（I·R·B），它是由英格兰、苏格兰、爱尔兰和威尔士四个国内协会加上新西兰、澳大利亚和南非三个国外协会所组成的；它的主要任务是制定橄榄球比赛规则以及橄榄球运动的开展政策。

美式橄榄球联盟（National Football League，NFL），是世界最大的职业美式橄榄球联盟。联盟由 32 支来自美国不同地区和城市的球队组成。联盟最早于 1920 年以美国职业美式足球协会的名义成立，后来于 1922 年改名为国家美式足球联盟。国家美式足球联盟是北美四大职业运动之一。NFL 的球队有时候也被称为特权会员队，因为他们都是私人投资、按照公司模式运作。NFL 是美国最著名的职业橄榄球联盟，所以也拥有最多球迷。其他联盟也试图和 NFL 竞争，但都没能像 NFL 那样获得这么大的支持，拥有这么多的球迷。无论是球衣或者产品销量，还是收视率，NFL 都是其他体育联盟不能相比较的，NFL 是当之无愧的美国体育界 No.1。

棒球运动为何被美国和
日本誉为"国球"?

棒球运动是一种以棒打球为主要特点，集体性、对抗性很强的球类运动项目。它在国际上开展较为广泛，影响较大，被誉为"竞技与智慧的结合"。在美国、日本尤为盛行，被称为"国球"。也是一种团体球类运动，法定比赛人数最少为9人，其近似的运动项目为垒球。棒球球员分为攻、守两方，利用球棒和手套，在一个扇形的棒球场里进行比赛。比赛中，两队轮流攻守；当进攻球员成功跑回本垒，就可得1分。九局中得分最高的一队就胜出。

棒球比赛场地呈直角扇形，场地应布置接手区、击球员区、跑垒指导员区、跑垒限制线、准备击球员区、比赛有效区（野传球线）、本垒打线和草地线。参加比赛的运动员必须穿戴护具。棒球接手除戴护面和穿护胸外，还要穿护腿，佩戴接手头盔、护喉。此外，棒球运动员在击球跑垒时必须戴棒球用头盔、接球和投球时戴手套。

1845年，美国人亚历山大·乔伊·卡特赖德为统一名称和打法，制定了有史以来第一部棒球竞赛规则。规定的场地图形和尺寸至今仍沿用，并正式采用了棒球这一名称。其中多数规则条文迄今

仍继续使用，棒球这一名称也一直沿用至今。因此，现代棒球运动源于英国而发展于美国。

1839 年，美国纽约州古帕斯镇举行了有史以来的首次棒球比赛。1860 年，美国开始出现职业棒球运动员。1871 年美国成立了"全国职业棒球运动员组织"；1876 年该组织改名为"全国棒球联合会"。1881 年成立另一个全国性的职业棒球组织，即后来的"全美职业棒球联合会"。1884 年首次举行这两个组织间的冠军赛，即"世界棒球冠军赛"。此后，1910 年时任美国总统威廉姆·霍华德·塔夫脱（William Howard Taft）正式批准棒球运动为美国的"国球"。

什么是垒球?

　　垒球,是一种球类运动,由棒球发展而来,规则也相似。主要的差异在于垒球用球比较大、球棒较小且重量较轻、场地较小、投手投球时必须由下而上抛球、跑垒员在投手投出球之前不可离开垒包等。

　　垒球起源于 1887 年,美国芝加哥法拉格特划船俱乐部的 G. 汉考克和 1895 年美国明尼苏达州明尼阿波利斯的消防队员 L. 罗伯,为了严冬或风雨时在室内打棒球,分别对 1839 年开始出现于美国的现代棒球场地、器材和竞赛规则作了修改,取名为室内棒球;不久,又将室内棒球搬到户外打,取名为女孩球、软球、游戏场球等,当时没有统一的场地画法和竞赛规则。到 1933 年,美国业余垒球协会成立,设国际联合规则委员会才统一了规则。根据球的软硬程度,正式命名为 softball,中国叫做垒球。第二次世界大战结束后,垒球在美国发展很快。现在美国垒球协会每年举办 16 项成年和 8 项青少年全国性比赛,并称垒球为"人人参加的运动"。垒球在 1921 年以后传入日本,1949 年日本垒球协会成立后,垒球成为日本最普及的运动项目之一。

　　垒球运动的诞生完全是出于全天候运动的需要,现在全世界有

2000万人进行这项体育运动。1965年，首届女子垒球世界锦标赛得以举行，澳大利亚队夺得冠军。1996年，该项目成为奥运会正式比赛项目，并只有女子项目，美国队获得冠军。不过奥运会的垒球运动可不比职业棒球运动差多少，亚特兰大奥运会上，曾有投手投出了时速高达118公里的球。垒球的投手与打击手之间只有12.2米的距离，棒球为18.4米，一般棒球投手的球速为每小时150公里，所以对于垒球选手来说，其反应能力不比棒球选手差多少。

垒球运动的器材包括：垒球、球棒、手套、队服和护具。其中护具包括打击头盔、打击手套、捕手头盔以及护胫和护胸等。

根据比赛类型的不同，垒球的大小也不同。在快垒的国际比赛中，垒球的圆周为30.2~30.8厘米，重量为178~198.4克，球体表面的缝合应用双针缝法并至少要有88针；在慢速垒球的国际比赛中，垒球的圆周为29.4~30厘米；重量为166.5~173.6克，球体表面的缝合应以只针缝法并至少要有80针。有些球有凸出的线纹，而有些则没有。球体中心是使用品质优良的木棉纤维、混合软木和橡胶，混合聚亚胺脂，或经国际垒总认可之其他材料制成。

垒球是以两支队伍交替击球和接球的比赛项目，比赛双方的目的是力争在7局比赛（即七轮击球）中获得最高分。如果一方有3名打击手被淘汰出局的话，那么，该队的半局就宣告结束。如果七局比赛之后两队打平的话，两队将进入附加赛，直到有一方获胜为止。进入附加赛时，由攻方前一个半局最后一个出局者率先站上二垒垒包，以加速比赛的进行。

通常，垒球得内场为泥地，外场是草地。因为垒球场内场被本

垒和其他三垒围成一个菱形，所以垒球场也被称为菱形场。垒与垒间隔18.3米一条假想的线将四个垒连成一个锐角为45度的菱形。

投球手站在球场中央一块橡胶制的投球垫上。实力强劲的投手一般都能将球以110千米/小时的速度掷出。但是，为了扰乱打击手的击球节奏，投球手也会掷出一些稍慢一点的球，比如说为使打击手打空而投的缓慢球。外场的大小不那么严格，但是，女子速投垒球的本垒离外场围栏之间至少应该有61米。

在一局比赛中，如果打击手击中球后沿逆时针方向顺利到达一垒，然后跑完所有的三垒，最后跑回本垒，此时，这支球队得一分。打击手击中对方队员投出来的球后，该打击手占得一垒。打击手击出来的球必须落在边线以内，对方接球队员之前，这样，对方接球队员就有可能用其手套将球接住。在接球手拿球上垒之前，打击手必须先到该垒。

如果打击手将球击出场外（击球区外四个投球点以外）或者被对方投出来的球打到身上，打击手也能安全上垒。但是，如果是一个本垒打，经常是将球击出场外围栏，那么，打击手和所有跑垒球员都要绕各垒跑一周，然后马上得分。一般情况下，第一个击球队员安全到达第一垒后，然后其他打击手击中投球后，逐垒占领，这样才能得分。

击球队员和跑垒员可以跑到下一个没被其他跑垒员占领的垒。但是，如果击球队员在接球队员之后上垒，那么，该打击手就被淘汰出局。如果打击手打出一个地面球，那么，一垒的跑垒员就要尽快跑到第二垒，这样，打击手就能轻松的跑到第一垒。类似的，如果一名队员被迫跑到其队友原先所占的垒时，其他的跑垒员也要相应的跑到下一垒。在这两种情况下，跑垒员都必须跑垒，而接球手在接到球后，只需比跑垒员先到下一垒，就可以将对方跑垒员淘汰出局。不需追赶对方跑垒员。

投球手的目的就是要将打击手（即跑垒员）淘汰出局。要达此目的，有如下三种途径：迫使打击手向内场手击出一颗地面球，（内场手向一垒球员掷出球后，立即跑到一垒）；迫使打击手将球击向空中，这样队友能将球接住；迫使打击手三击不中出局。

如果打击手打出一粒边界球，除非该队员在此之前已击出两粒好球，那么这个球算打击手的一次失误。如果击球队员在前两次击球失败后，第三次击出的球被接球队员接住，那么，该打击手就会以三击不中而被淘汰出局。

接球手一旦接到被打击手打到空中的球，跑垒员就必须离开本垒，然后在接球手之前赶到下一垒。

在球被接到之前，如果跑垒员跑离本垒，而且，接球队员在跑垒员赶回之前拿到球并成功上垒的话，那么，该跑垒员被淘汰出局。打击手可以跑过第一垒，但如果她跑过或滑过第二垒或第三垒，就有可能被接球手追上而被淘汰。跑垒员可以在打击手击球之前就开始跑垒，或叫窃垒。打击手在第三打时，触击球犯规就会被淘汰。投球手在掷球时必须至少有一条腿着地。队员被替换下场之后可以重新上场，但是一名替补只能替换一名场上球员。

近年来垒球技术发展迅速，比赛日益激烈。为了推广普及至各个年龄层，于是发展出"慢速垒球"，而传统的垒球运动亦可称为

"快速垒球"，以示区别。慢速垒球的基本精神是让每位球员都能享受"打得到球"的乐趣，因此将投手的投球距离拉远，并限制投球动作；同时为了平衡因此产生的攻方优势，将各垒间距拉大，并作了一些相关的限制。

垒球为什么会成为女子项目？

垒球技术难度、运动剧烈程度低于棒球，后成为女子项目。垒球运动的诞生完全是处于一种需要，由于恶劣的天气和拥挤的城市影响，棒球运动转移到室内，就形成了垒球运动。垒球诞生于19世纪80年代的美国芝加哥，这项运动很快发展起来，并逐渐又转移到室外，现在全世界约有2000万人进行这项体育运动。

垒球的比赛场地是一个直角扇形区域，直角两边是区分界内地区和界外地区的边线。界内地区又分为内场和外场。内场呈正方形，为红沙土场地，四角各设一个垒位，在尖角上的垒位是本垒，并依逆时针方向分别为一垒、二垒和三垒。内场以外的地区为外场，外场为草皮场地。比赛场地必须平整，不得有任何障碍物。内场每边垒间距为18.3米，投手板至本垒的距离为13.10米。本垒后面和两边线以外不少于7.62～9.14米的范围内为界外的有效比赛地区。两边线为长67.06米，两边线顶端圆弧连接线的任何一点距本垒尖角的距离都是 67.06 米。

同美国三大运动之一的棒球相比，垒球所需的场地小、球体大、球速慢（因为垒球运动的规则规定在抛球过程中，手必须要在肩下）。由于以上诸多优点，垒球运动很快风靡美国各地。

垒球运动分为两种——快速垒球和慢速垒球。垒球的这两种形式都深受美国人民的喜爱。随着第二次世界大战中美国势力的扩张，垒球运动在全世界得到了推广。此后，垒球逐渐成为女子运动项目。1950 年，垒球项目也从大众游戏转变为竞技体育项目。澳大利亚早在 1947 年就举办了第一届全国女子垒球锦标赛，而相应的男子比赛直到 1984 年才开始。1965 年，在澳大利亚的墨尔本举行的第一届女子垒球世锦赛决赛中，东道主澳大利亚队以 1 ~ 0 击败了美国队，夺得了世界冠军。这次比赛后，快速垒球很快成为了垒球运动的主流。

第二届女子垒球世锦赛举行于 1970 年。此后，每隔四年，便分别举办一次男子、女子、青年垒球世锦赛。时至今日，在垒球运动产生百年之后，垒球仍然是美国最受欢迎的运动之一。世界垒球联合会也有了 110 多个成员国。

高尔夫的意思为何是"在绿地和新鲜氧气中的美好生活"?

"高尔夫"是荷兰文 kolf 的音译,意思是"在绿地和新鲜氧气中的美好生活"。这从高尔夫球的英文单词 GOLF 可以看出来:G - 绿色;O - 氧气;L - 阳光;F - 脚部活动。它是一种把享受大自然乐趣、体育锻炼和游戏集于一身的运动。由此可以知道,高尔夫球是一种在优美环境中进行的高尚娱乐活动。因为玩这种游戏设备昂贵,所以在一些国家又叫它"贵族球"。高尔夫球是一种以棒击球入穴的球类运动。如今,高尔夫球运动已经成为贵族运动的代名词,但是它是由一群牧羊人发明的!

高尔夫球起源于 15 世纪的苏格兰。当时的牧羊人常用赶羊的棍子玩一种击石子的游戏,比谁击得远击得准,这种游戏后来就演变成了高尔夫球。

1860 年,英格兰举行了最早的高尔夫球公开赛。在这一年中,印度、加拿大、新西兰、美国等国家也相继举办比赛,继而进行国际、洲际及至世界性的比赛。现在的世界杯、英格兰和美国公开赛这三项比赛,可以说是高尔夫球的最高水平的竞赛。

高尔夫球场一般设在风景优美的草坪上,中间需要有一些天然

或人工设置的障碍，如高地、沙地、树木、灌丛、水坑、小溪等。球场的形状没有统一的标准。9 个球洞的场地面积为 3034 平方米；18 个球洞的场地面积为 6400 平方米。球洞直径 10 厘米，深约 10.5 厘米。每个球洞的旁边插一面小旗，距离洞口 100 米或 500 米处设一个发球点。

与许多其他运动项目不同，高尔夫球运动大多是在没有裁判员监督的情形下进行的。这项运动依靠每个参与者主动为其他球员着想和自觉遵守规则的诚实和信用。不论对抗多么激烈，所有球员都应当自觉约束自己的行为，在任何时候都要表现出礼貌谦让和良好的运动精神。这就是高尔夫球运动的精髓所在。

保龄球的起源是什么？

保龄球，这一中文名称是英文 Bowling 的音译。保龄球的起源也许可以追溯到公元前 5200 年的古埃及，人们在那里发现了类似现代保龄球运动的大理石球和瓶。

公元 3 至 4 世纪的德国也出现了保龄球运动的雏形。最初，天主教徒在教堂走廊端安放木柱，用石头滚地击打。他们认为击倒木柱可以为自己赎罪、消灾；击不中就应该更加虔诚地信仰"天主"。直到 14 世纪初，才逐渐演变成为德国民间普遍爱好的体育运动项目。后来，荷兰人和德国人的后裔移居美国，便把保龄球传到了美国。在 16 世纪时，保龄球是 9 个瓶的游戏，数年后，演变成 10 个木瓶，瓶的摆设形状也从钻石形变成三角形。1895 年，美国保龄球总会正式成立。1951 年，国际保龄球联合会成立，1954 年，第一次保龄球国际比赛在芬兰的赫尔辛基举行。1988 年的奥运会，保龄球列为表演项目。

保龄球的球道由助走用的走道，还有让球滚动的滚球道和放置球瓶的球瓶区所构成。材质一般为可耐保龄球撞击的漆树或松。球道主要由细长板条（宽约 3 厘米，厚约 15 厘米）39 块合并而成。球道长 19.15 米，宽 1.024～1.066 米，犯规线到 1 号球瓶的距离为

18.26 米。为了保护球道表面，会在上面涂上一层特殊的防护漆。

　　球瓶的材质使用漆木，外层涂上一层塑料保护漆。基本颜色为白色。高为 38 厘米，最粗的部位为 12 厘米，底部直径 5.02 厘米。重量约 1.4 千克到 1.6 千克不等。一组 10 个球瓶中，最重的和最轻的差不能超过 113 克。

　　保龄球的材质限定为非金属材质。现今均是中心以软木塞和合成强化橡胶混合组成，外层用硬质橡胶、塑料或玻璃纤维包围而成。直径 21.5 公分，圆周 68.5 公分。重量依照国际规定最重到 16磅（每磅为 0.454 千克）。一个人可凭喜好而选择所丢的保龄球的

重量，通常为 8 到 16 磅。

比赛分个人赛和多人赛。赛前，以抽签决定道次和投球顺序。比赛时，在球道终端放置 10 个木瓶成三角形，参加比赛者在犯规线后轮流投球撞击木瓶；每人均连续投击两球为 1 轮，10 轮为一局；击倒一个木瓶得 1 分，以此类推，得分多者为胜。

规则规定，运动员投球时必须站在犯规线后面，不得超越或触及犯规线，违者判该次投球得分无效。投球动作规定用下手前送方式，采用其他方式为违例。

保龄球具有娱乐性、趣味性、抗争性和技巧性，给人以身体和意志的锻炼。由于是室内活动，不受时间、气候等外界条件的影响，也不受年龄的限制，易学易打，所以成为男女老少皆宜的特殊运动。

台球都有哪些种类？

台球源于英国，它是一项在国际上广泛流行的高雅室内体育运动。是一种用球杆在台上击球、依靠计算得分确定比赛胜负的室内娱乐体育项目。台球也叫桌球。

大约在 14 世纪，据说由伦敦一家名叫 Billsyard 的当铺老板为娱乐消遣而发明了台球，台球的英文名称即源于此。至 18 世纪末，台球作为一种游戏在英国民间很是盛行。19 世纪初，世界上第一个公共台球室在伦敦开设。最早的台球，桌面上只有两个白球，之后法国人觉得缺少挑战性，就增添了一个红球并改进打法。再往后英国人又将其发展成为在今天十分流行的落袋台球。

现在的台球已发展成多种多样：有俄式落袋台球、英式落袋台球、开伦台球、美式落袋台球和斯诺克台球，其中斯诺克台球最为普遍，而且被官方认可，已成为一项比赛项目。

台球的种类很多，除了大家熟悉的斯诺克台球以外，还有很多打法都在国内和世界上流行，并且都有各自的世界大赛，在一些综合性的大赛中，台球项目也设立了很多小项。为了使大家能了解台球运动在世界上的发展，这里介绍几种目前世界上流行的台球打法。

英式台球又包括英式比例台球和斯诺克台球两大类。主要流行于英国和欧洲大陆。英式比例台球又称为三球落袋式台球，属基础类型的台球，是世界上正式台球比赛项目之一。英式比例台球出现较早，要求具有较全面的技术打法。目前，世界许多著名斯诺克台球运动员，比例式台球的基本功都相当扎实。而英式台球的另一种类斯诺克台球更是为世界流行的主流台球项目之一。英文"斯诺克"的含义为障碍之意，是从英文"snooker"音译而得名。斯诺克台球不仅自己可以击球入袋得分，也可以有意识地打出让对方无法施展技术的障碍球，从而使对方受阻挨罚。因此，斯诺克台球竞争激烈，趣味无穷，也是世界台球大赛的项目。

美式台球又称美式普尔，是台式台球的一个重要流派，是在法

式台球和英式台球之后又形成的一种新风格。它与英式台球和法式台球并驾齐驱，广泛地流行于西半球和亚洲东部。不过美式台球与法式台球和英式台球相比，仍不如它们家喻户晓。有人认为，美式台球仅仅是属于酒吧、街头巷尾的"下里巴人"式的游戏而已。然而这正是美式台球大众化、普及化的可取之处。美式台球中诸如8球制台球在我国也有广泛的群众基础。美式台球包括 8 球制台球、9 球制台球、芝加哥台球、普尔台球和保龄台球等种类。

中式斯诺克台球也称为十孔台球，起源于中国，与其他台球的最主要区别在于台面中间增加四个进球袋及边框，既容易进球，也容易形成斯诺克；注重的是全局及排兵布阵，更具娱乐性、挑战性以及智能元素，有棋球之说。

法式台球起源于法国，也称为开伦台球（又称卡罗姆台球，carom），其含义是连续撞击两个球，即用主球连续触及两个球，这是法式台球最基本的要求。与英式台球、美式台球球台的最主要区别是没有网袋。卡罗姆台球有多种比赛方式，其中主要的是三边卡罗姆式台球。

开伦式台球起源于法国，后来在日本却非常盛行，有"日本撞击式台球"之称，是国际大赛项目之一。开伦式台球所用的球台没有球袋，它是以球杆击球得分的一种台球打法。在我国的一些台球厅里很少能见到这种台球打法。开伦台球打法分为颗星开伦、三星开伦、四球开伦、直线开伦、台线开伦等。

曲棍球为什么历史最为悠久？

曲棍球又称草地曲棍球，是奥运会项目中历史最为悠久和光辉的项目之一。曲棍球这一名称起源于法语，意思是牧羊人的棍杖。作为世界上历史最悠久的体育项目之一，曲棍球的出现要比最初的奥林匹克运动会早1200年或者更久。

曲棍球是一项古老的运动、目前在国际广为开展的球类运动项目。距近已有数千年的历史了。古代曲棍球的先驱者姓甚名谁，虽已无法考证，但是可以肯定距今三千年前，这项运动就已得到中

国、波斯和印度等亚洲人民的喜爱。根据柏林体育出版社 1981 年出版的《曲棍球运动》一书中说：距今 2697 年前，中国的士卒就用棍和球进行过比赛，这是为人所知的。

最早的"考证"可以追溯到公元前 2000 年。在埃及尼罗河流域的贝尼·哈桑发现的第十六个坟墓的壁画上，有两人相对而立且手持弯曲木棍彼此交互重叠，这很可能就是现代曲棍球运动的前身。另一个"证据"是 1922 年在雅典海岸防波堤上发掘的古代遗迹中，雕刻在坡壁上的一幅浮雕，描绘着 6 个球员参加一种类似曲棍球的游戏。浮雕中，4 人持棍在旁站立，中央两位似做曲棍球的争球动作，与现代曲棍球的争球方式十分类似。

历史学家认为，曲棍球运动在许多国家的古文明时期就已经出现了。在中国、印度、波斯等国也有历史记载。依据推论，古代人类就曾以树枝和棍棒打击或滚动球状物，用于庆贺凯旋；或向固定的目标物滚掷石头，或用棍仗逗弄圆石滚转自娱。这些活动经过漫长岁月的演变和不断改进，渐渐演化成现在的曲棍球运动。

我国古代的步打球比欧洲曲棍球的历史要早得多，大约在公元8世纪，东传到了日本。现存日本古都奈良正仓院北仓的一条隋唐时期的花毡上，就织有一儿童在做步打球的形象。这条花毡长236厘米，宽124厘米，花毡的图案由花朵和一做击球状的童子组成，击球的童子右手执一弯月形球杖，正在弓身曲腿做击球状，在其左方绘有一球。整个图案生动地表现了唐代童子击球的生动场景。因此，欧洲的曲棍球与中国的步打球之间应有着一定的渊源关系。

现代曲棍球起源于英国，1861年在英国出现了第一个曲棍球俱乐部，1875年英国成立了第一个曲棍球协会，1889年男子曲棍球比赛在伦敦举行。此后曲棍球运动逐渐传入英联邦各国，在1908年伦敦奥运会首次成为正式比赛项目，1928年成为固定比赛项目，1980年增加了女子项目。

手球经历了哪些技术变革？

手球是一种很好的运动。因为除了个人的技术之外，团体的合作亦非常重要。因为这项运动的速度快，若要打得有力的话，除了要求很好的体力及过人的技术外，合作亦是另外最重要的一环。手

球可说是一种适合很多不同年龄阶段人士参与的活动。手球是一种"全民运动"。手球适合中学生，对于大学生也同样适合。手球的特征是球的体积小，很容易控制，因此也较易发挥出球之劲力。场地面积的要求亦较小。球例简单，危险性不大。运动量适宜，不会过分多或少，全身的筋骨都会活动到，机动性与冲击性强。

20世纪80年代是民办手球运动史上一次最大的变革时期。这次变革主要是在规则进行了根本性的改革，极大地限制了粗野、凶狠的简单打法，促使技战术进行了有效的革新，为手球运动的长远发展奠定了良好的基础。变革后的主要趋向表现在：

普遍重视了运动员的身材高度

在1988年的世界锦标赛上涌现出许多两米以上的高大队员，仅前苏联队就有四名两米以上的高大队员。这些高大队员奔跑速度快、动作灵活，凭借其身高优势，在攻守上给对方造成很大威胁。现代手球比赛的高空争夺十分激烈，因此，身高已成为运动员选材的重要条件之一。

速度是手球运动发展的主要趋向

手球比赛的突出特点是速度之争，快速则成为取胜的重要因素。快速不单单表现在反击速度上，而且在阵地进攻方面，已改变了以往的定位打法，实行快速穿插、多位打法，加快了配合的速度，缩短了阵地进攻的时间。快速进攻促使防守速度的提高。要保证有效的攻击，进攻速度必须超过防守的运动速度。因而，攻守速度相互促进、不断地发展着。速度在今后手球运动发展中将永远占主导地位。

全面熟练的个人技术与技巧

快速穿插、移动进攻，要求运动员个人技术必须全面。随着队员在场上的快速移动、穿插攻击，其进攻的职能也要不断变换，后卫可能插入底线攻击，边锋也可能跑到外线射门。因此，必须掌握多位置进攻的技术，掌握多种多样的射门方式，并善于运用多种假动作。由于进攻中不断变换位置，所以打破了组织队员与单纯攻击射手的界限，要求运动员做到既能射门得分，又能巧妙地传球，掌握全面的个人技术与运用技巧。

打法更加机动灵活，战术运用更具有针对性

进攻中采取大幅度的传球转移，队员不停地移动穿插，扩大了进攻的点和面。当前外围远射距离已超过 10 米，由于外射攻击的加强，为内线制造了更多的攻击机会，形成了强外助内的机动进攻。外线队员经常插入内线攻击，增加了内线的攻击实力。内线进攻的加强给外围创造了较多的攻击机会，又起到了强内助外的战术作用。外围攻击的加强迫使防守兵力向中间收缩，使边锋获得较多的攻击效益。边锋的战术行动牵扯防守阵线拉长，有效的策应外线切插进攻。如此，形成了各位置之间的多种有效的战术配合，丰富了战术方法，使战术更加机动灵活。同时，各优秀队结合自己的特点，在战术的运用上更具有针对性。如南斯拉夫队则用自己灵活快速的脚步移动，采用了"3——2——1"防守战术，扩大了防守范围，有效地遏制对方外围远射，并能切割外、内线的联系，极大地削弱了对方的进攻威力。苏联队采用的一线防守，把几名两米以上的高大队员部署在中间，凭借其高度，居中封堵来自正面的进攻，

伺机反攻。高度与速度，技术全面与技巧熟练及灵活多变的战术打法是今后手球运动发展的主要趋向。

板球为什么被人称颂为"绅士的游戏"？

　　板球，又名木球，一向称颂为"绅士的游戏"是一项崇尚体育精神和"公平比赛"的运动。板球起源于英国，盛行英国、澳大利亚、新西兰、印度、孟加拉国、尼泊尔等国家。据说早在13世纪，英王爱德华一世就曾在英格兰东南部的肯特参加过类似板球的运动。板球被誉为贵族运动，亨利八世称板球为"国王的运动"。

　　板球项目是锻炼手眼的协调能力，集上肢动作控制能力、技巧与力量为一体的综合性运动。比赛项目为团体赛。

　　板球中所用的球中心为软木，外表为红色皮革。红色皮革用线缝制起来。这部分叫做"缝线"。快投手们都让球的这部分先着地，借助场地的作用，就可以让球偏离原来的方向，增加击球的难度。以前，板球队员们都穿白色体恤衫，随着彩色衣服的使用，有时也使用白色的球。

　　板球运动主要是以击球、投球和接球为主的运动。参与者分两队比赛，通常每队11人，一队做攻击，另一队做防守。攻方球员为击球手，比赛时每次只可派两人落场，致力夺取高分数；一人负责击球取分，另一人配合夺分。守方则 11 位球员同时落场比赛，一人为投球手负责把球投中击球手身后的三柱门，力图将他赶出局，其他球员为外野手，负责把击球手打出的球接住，防止攻方得分。攻方的击球局完结后，两队便会攻守对调，得分较高那队为胜方。板球比赛时间长度不一，国际板球中，测试赛的一场比赛每天进行六小时或以上，并长达五天，每方各打两局；还有许多午餐和饮茶的休息时间；以及丰富的板球术语，都是使板球门外汉非常困扰的原因。另外还有单日比赛，这种比赛每方只打一局有回合限定的比赛，也叫限制回合比赛。单日比赛分为国际性单日比赛和国际性 20 回合比赛。前者为每方 50 回合，后者为每方 20 回合，使时间进行较长的比赛充满激烈性。除了国际大赛，还有无限制回合的甲级比赛，还有每方 50 回合的单日比赛和每方 20 回合的比赛。再往下就是当地的小俱乐部之间的比赛，一般都只举行每方一局的无回合限制比赛和每方 50 回合的单日比赛。

壁球起源于监狱吗?

　　由于壁球是一项室内项目,所以它可以不受季节、天气的限制,是一项全天候的运动。具有最佳的性能价格比。现代社会对人提出了越来越高的要求,现代人尤其是年轻人既要工作,又要学习,可以锻炼的时间非常少。而壁球恰恰可以满足参与者这种用时少、锻炼效果佳的高效率要求。因为壁球的场地小,球速快,球路变幻莫测,因而要求人的反应、动作极快,所以壁球的运动强度,运动量极大。

　　19 世纪初在伦敦的老城中心,有一个"舰队监狱",专门关押欠债人和触犯刑律、教规的贵族,他们自然不能去从事繁重的体力劳动,如何打发枯燥乏味的囚禁时光呢?他们用类似拍子的器具对墙击打小球自娱自乐,这可说是最早的壁球雏形。真正意义上的壁球,是由著名的贵族学校——哈罗公学的学生发明的,时间约在1830 年前后。学生们虽身为贵族子弟,却过着囚徒般枯燥的住校生活,于是,一种对墙击球的室内运动被发明并流行开来。因球在猛烈触及墙壁时发出类似英文"SQUASH"的声音而得名,即现今公认的壁球。很快,这一娱乐健身运动在学校中流行开来,1864 年,第一块专用打壁球的场地在哈罗修建,这也成为该项运动正式创立的标志。随着学生长大成人，步入政界、军界和商界，壁球也传遍了英联邦国家和世界各地。

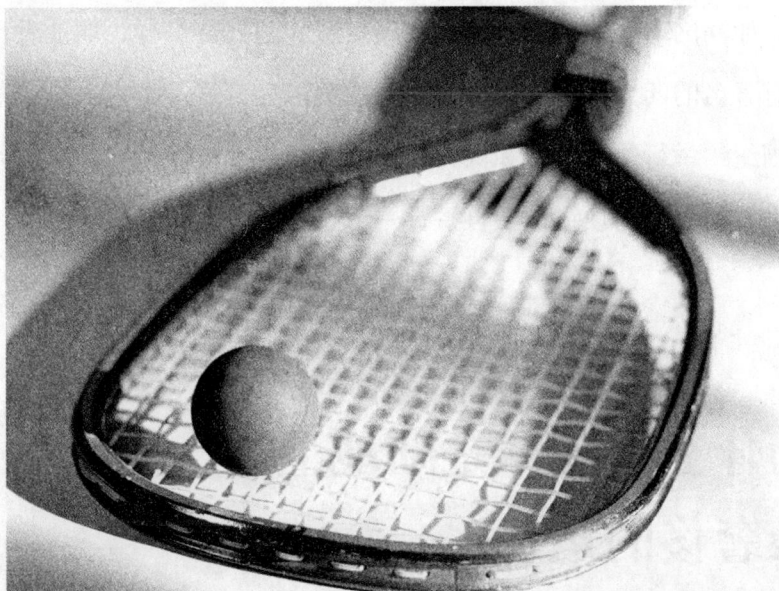

　　进入 20 世纪，壁球运动得到了广泛的普及，涌现了大批杰出的选手、精彩的比赛，技战术也有所革新。世界壁坛统一的、权威的管理机构也诞生了，由当时的壁球强国澳大利亚、加拿大、英国、印度、新西兰、巴基斯坦、南非、美国和阿联酋发起成立，取名为国际壁球联合会（IS－RF），1992 年更名为世界壁球联合会（WSF）。时至今日，世界壁联已发展成一个庞大的、组织严密的管理有序的组织。截至到 1999 年，共有正式成员 115 个，开展壁球运动的国家和地区达 135 个；全世界范围内经常从事壁球运动的人口约 1500 万；有标准球场近 5 万个。世界壁联所设立的正式国际赛事有：男子、女子世界锦标赛，男子青年、女子青年世锦赛，以

及为中老年球员设立的大师赛。可以说，壁球运动已进入除奥运会之外的所有大型综合运动会，在申请进入 2000 年奥运会赛程的竞争中，壁球仅以两票之差败给了跆拳道而未能如愿。

如同网球有四大公开赛，大满贯赛和超九赛一样，职业壁球界也有著名的四大赛事，即历史最久的英国公开赛、香港公开赛、在美国纽约举行的冠军赛和世界公开赛。每年 6 月，还要为上一年排名世界前 8 位的顶级选手再举行一个超霸赛。

为什么说马球是陆地上最奢侈的运动？

在美国商界流传的一句话似乎可以更好地诠释高尔夫和马球运动的区别：如果你年薪 2 万美元，那么来打高尔夫吧；如果年薪 2000 万美元，那么就来品尝马球的滋味吧。

马球，又称马上曲棍球。关于马球的起源，众说纷纭。一说是起源于公元前 6 世纪波斯国王大流士一世统治时期，是波斯帝国征服欧洲庆功宴上的活动。另一说是起源于我国的西藏地区（原吐蕃），近年来有专家考证出英文"马球"（POLO）一词也来源于藏语。甚至还有说起源于我国三国时期。

不过，真正的现代马球规则却公认是起源于印度。成立于 1859

年的印度 Cachar 地区首府 Silchar 成为现代马球的发源地，当年成立的 Sichar 俱乐部也成为世界上最古老的马球俱乐部，提供给英国贵族享用。西方人从印度带到了欧美的现代马球比赛的规则，就是依据这个俱乐部当年的规则制定的。

贵妇小姐遮阳帽、绅士派头的骑行、栗色的纯种马在绿地上奔跑，名贵跑车、醉人美酒恭候在侧，无不彰显着荣耀和昂贵。到底有多贵？据说，如果打一场比赛，不租用俱乐部装备和马匹的话，初次投入在 30 万元人民币以上。即使是现在马球场上使用最多的一匹英国纯血马，价格也在 20 万元人民币以上。在国际上打马球的有三种人：一是各国王室贵族，二是绅士富豪，三是职业运动员。马球运动的费用比较高是因为马的使用成本很高，国外马球使用的马种都非常昂贵，并且一匹纯种马要训练成合格，甚至出色的马球坐骑基本需要 4~6 年时间，打马球时骑的马要求不能躲闪球杆，一般的马就不行了，有东西在它眼前一晃马就惊了。再就是场地，目前马球场地有草地、土地、沙地三种。草地球场不但平时要维护，比赛进行中间还要进行休整，所以草地维护成本很高。马球杆基本是藤质的，要求粗细均匀，有韧性，可租可买、费用不算高。

"现代马球在中国最早的记载是在 20 世纪 60 年代，内蒙古马术学校最先有这个项目，还曾经和国际马球强国阿根廷、巴基斯坦有过比赛交流、表演，不过后来也停滞了。"现任中国马术协会秘书长成庆说。如今，马球似乎又开始在中国出现了复兴之势，玩马球的人越来越多。因为马球基本具备高尔夫球所有的特性，比如享

受新鲜空气和阳光，可以在草坪上亲近大自然等，并且与高尔夫相比更有趣味性。马球是一种团队运动，队员之间在比赛中的配合能够增进友谊，促进了解，共同探讨战术，比赛下来就有了默契和感情。

在国内的马球俱乐部，花一千多元人民币就可以体验一次刺激而放松的马球运动，大家不妨走出喧闹的楼林，走进大自然，骑在马背上也"贵族"一次。

田径运动篇

为什么说"得田径者得天下"?

田径 (track and field) 或称田径运动是径赛、田赛和全能比赛的全称。以高度和距离长度计算成绩的跳跃、投掷项目叫"田赛";以时间计算成绩的竞走和跑的项目叫"径赛"。田径比赛由田赛、径赛、公路跑、竞走和越野跑组成,此外还包括部分田赛和径赛项目组成的"十项全能"。

据记载,最早的田径比赛,是公元前 776 年在希腊奥林匹克村举行的第 1 届古代奥运会上进行的。项目只有一个短距离赛跑,跑道为一条直道,长 192.27 米。到公元前 708 年的第 10 届奥运会上,才正式列入了跳远、铁饼、标枪等田赛项目。当时只准男子参加,女子连观看也不行,违者处以死刑。

1896 年,在英国举行了最早的现代田径运动国际比赛,比赛共分 9 个项目。真正的大型国际比赛是 1896 年开始举行的现代奥运

会。它沿用古代奥运会每隔 4 年举行一次的制度，每届奥运会上，田径运动都是主要的比赛项目之一。从 1928 年第 9 届奥运会起，才增设了女子田径项目，此后，女子便参加了田径项目的比赛。

至今，田径运动仍然是体育比赛中观赏性极强的运动之一。

田径是世界上最为普及的体育运动之一，也是历史最悠久的运动项目。田径与游泳、射击被视为奥运金牌三大项目，51 枚金牌也是奥运金牌最多的项目，"得田径者得天下"也由此而来。

公元前 776 年，在古希腊奥林匹克村举行了第 1 届古奥运会，从那时起，田径运动便成为正式比赛项目之一。1894 年，在法国巴黎成立了现代奥运会组织。1896 年在希腊举行了第 1 届现代奥运会，在这届奥运会上田径的走、跑、跳跃、投掷等一些项目，被列为大会的主要项目。至今已举行的各届奥运会上，田径运动都是主要比赛项目之一。

田径运动包括跳、投类，以有效成绩距离大者名次列前的田赛，和跑、走、跨（含 3000 米障碍）类完成全程时间短者名次列前的径赛，以及由上述田、径两类各部分项目组成的全能项目和短跑团体接力项目，是比速度、比高度、比远度和比耐力的体能项目，或要求在很短的时间内表现出最大的速度和力量，或要求在很长的时间内表现出最大的耐力，最能体现奥林匹克"更快、更高、更强"的比赛。

国际田联规定运动员参加奥运会必须在规定时间里达到规定的报名标准，个人项目每个单项达到 A 级标准的最多 3 名运动员参赛，如无达到 A 级标准的运动员，允许 1 名达到 B 级标准的运动员参赛，如无达到 B 级标准的运动员，则允许各报 1 名男女运动员参加除田赛项目、10000 米跑、七项全能、十项全能以外的其他项目比赛。接力项目每个协会每个项目最多 1 个队，接力运动员可报 6 名，其中可报 2 名未达标的运动员。

短跑考验的是人的本能吗？

短跑是田径径赛项目中的一类，一般包括：50 米跑、60 米跑、100 米跑、200 米跑、400 米跑、4×100 米接力跑、4×400 米接力跑等几项。其运动特性是人们同时以最快的速度，在确定的跑道上跑完规定的距离，并以最先跑完者为优胜的项目；在人体机能供能方面，表现为人体以最大限度发挥人的本能，并以无氧代谢供能的方式供能。

根据记载，公元前 776 年，在希腊奥林匹克村举行的第 1 届古代奥林匹克运动会上就有了短跑比赛项目。当时跑的姿势是躯干前倾较大，大腿抬得很高，脚落地离重心较近，步幅较小的"踏步式"跑法。起跑是采用"站立式"姿势，并把大石块置于脚后，借推蹬巨石之力来加快起跑的速度。

1887 年，开始采用"蹲踞式"起跑，1927 年有了起跑器，但到 1936 年第 11 届奥运会上才被正式采用。在这个阶段中，短跑技

术有了很大的演变，由脚跟先着地改进为前脚掌着地，并形成了一种"摆动式"的跑法。由于短跑技术的改进，推动了短跑成绩的迅速提高。

1894 年，产生了第一个 100 米的世界纪录，成绩为 11″2。以后经过 74 年时间，于 1968 年创造了 9″9 的世界纪录（电动计时的纪录是 9″95）。200 米被列入比赛项目是在 1900 年的第 2 届奥运会，当时成绩为 22″2。到 1968 年，经过 68 年，创造了 19″83 的世界纪录（电动计时）。1896 年第 1 届近代奥林匹克运动会上所创造的 400 米纪录是 54″2，经过 72 年，到 1968 年创造出 43″86 的世界纪录（电动计时）。

女子参加短跑比赛是从 1928 年第 9 届奥运会开始的，当时 100 米纪录是 12″2。经过 49 年，到 1977 年创造了 10″88 的世界纪录

（电动计时）。女子 200 米比赛直到 1948 年第 14 届奥运会才开始，经过了 30 年，即到 1978 年提高到目前的 22″06 的成绩（电动计时）。由于短跑运动水平的不断提高，也促进了其他田径运动项目的发展。

短跑是人体运动器官和内脏器官在大量缺氧的条件下完成的最大强度的工作，属于极限强度的运动。短跑能有效地发展速度素质，因此，它是田径运动的基础项目，而且在其他运动项目的训练中也占有重要的地位。

中跑是如何发展到今天的？

中距离跑的最初项目是 880 码跑和 1 英里跑，从 19 世纪中叶开始，880 码跑和 1 英里跑项目逐渐被 800 米跑和 1500 米跑项目所替代。有的学者认为，中跑项目最早的正式比赛是 1847 年 11 月 1 日在英国伦敦举行的比赛，英国的利兰以 2′01″的成绩获得 800 码跑冠军。原为职业选手的表演项目，后逐渐扩展到业余运动员。运动员比赛时不使用起跑器，听信号统一起跑。奥运会比赛项目男、女均为 800 米跑和 1500 米跑，其中男子项目 1896 年列入；女子 800 米跑 1938 年列入，1500 米跑 1972 年列入。

中距离跑运动项目包括 800 米跑和 1500 米跑，这类项目非常

需要混合速度、力量和耐力。成功的运动员能全身心地投入比赛，也能够把精力放在关键的训练日程上。成功完成这类运动项目，除了需要身体技能，应付比赛中长时间高速度的跑外，精神力量也是必不可少的。当你的身体以如此大的强度持续跑，感到非常疼苦时，你要用毅力跑下去。这种毅力是在训练中增强的。训练的目的不仅是获得比赛时需要的耐力，也是为了增加比赛时坚持下去的信心。在田径运动中，中距离跑是最富挑战性的运动项目之一，它需要足够强大的生理机能和顽强的拼搏精神。基于此，在挑选中距离跑运动员时，要确信运动员的工作态度和道德品质。如果挑选的运动员并不是真正热爱跑步或不喜欢艰苦的训练，他们是不会为之奋斗的。

男子 800 米第一个世界纪录是 1893 年创造的，成绩是 2′5″，目前的世界纪录（到 1997 年 8 月为止，下同）是 1′41″24。1500 米第一个世界纪录是 1892 年创造的，成绩是 4′24″6，目前的世界纪录是 3′27″37。5000 米和 10000 米的世界纪录都是 1897 年创造的，成绩分别为 16′34″6 和 34′28″8。

女子中跑项目开展较晚，800 米第一个世界纪录是 1928 年创造的，成绩是 2′16″8，目前的世界纪录是 1′53″28。1500 米开展得更晚些，1972 年才列入第 20 届奥运会正式比赛项目，第一名的成绩是 4′1″4，目前的世界纪录是 3′50″46，由中国选手曲云霞保持。

中跑距离是发展耐长久的项目，长时间的连续的肌肉活动，是这个项目的特点。它一方面要求尽量减少能量的消耗，维持一定的跑速；另一方面要求在全程跑中能根据比赛的情况具有加速跑的能力。所以，运动员在跑的全程中，正确地掌握技术和合理地分配体力是非常重要的。要求跑得轻松协调，重心移动平稳，直线性强，有良好的节奏；要尽量提高肌肉用力和放松交替的能力。既讲究动作效果，又注重节省体力。这些要求，跑的距离越长，它越显得重要。

各种距离跑的技术，基本上是相同的。但由于距离的长短和跑的强度不同，所以在跑的技术细节上也有不同程度的差异。

长跑不仅能健身还能自救？

长距离跑简称长跑，英文是 long - distance running。最初项目为 4 英里、6 英里跑，从 19 世纪中叶开始，逐渐被 5000 米跑和 10000 米跑替代。据记载，现代最早的正式长跑比赛是 1847 年 4 月 5 日在英国伦敦举行的职业比赛，英国的杰克逊以 32 分 35 秒的成绩夺得 6 英里跑冠军。奥运会比赛项目男、女均为 5000 米跑和 10000 米跑。男子项目 1912 年列入；女子 5000 米跑 1996 年列入，10000 米跑 1988 年列入。

在人们日常生活中，长跑是对身体非常有益的体育项目。

健身长跑可提高呼吸系统和心血管系统机能

科学实践证实，较长时间有节奏的深长呼吸，能使人体呼吸大

量的氧气，吸收氧气量若超过平时的七八倍，就可以抑制人体癌细胞的生长和繁殖。其次长跑锻炼还改善了心肌供氧状态，加快了心肌代谢，同时还使心肌肌纤维变粗，心收缩力增强，从而提高了心脏工作能力。

健身长跑有利于防病治病健身

长跑使血液循环加快，对排泄系统有害物质起到清洗作用，从而使有害物质难以在体内停留和扩散。据测定得知，16 分钟跑 3000 米或 25 分钟跑 5000 米，可降低血液中胆固醇。这对老年人易患不同程度的高血脂症，继而引起血管硬化、冠心病、脑血管病等有着良好的预防作用。

健身长跑有利于心情舒畅、精神愉快

这种长跑因其不重视比赛胜负，只求在轻松愉快中健身，因此对缓解现代社会高节奏和激烈运动带来的精神心理紧张十分有益。据医学专家介绍，这种轻松愉快的运动最能促进体内释放一种多肽物质——内啡肽，从而使人产生一种持续的欣快感和镇静作用。另外，由于长跑使人情绪饱满乐观，有助于增进食欲，加强消化功能，促进营养吸收。

长跑锻炼对于培养人们克服困难，磨炼刻苦耐劳的顽强意志具有良好的作用。特别是对那些冬季怕冷、爱睡懒觉、不想锻炼的人起到促进作用，从而使他们尝到健身长跑锻炼的好处。

人类最简单的健康自救方式之一，它源自人类对自身机体结构以及身体机能的升华认识，是一个非常科学的渐进过程。人类在对长跑功能的不断认识过程中，加深了对自己机体的了解。

　　长跑本身，有利于思考，有利于思维的健康和思维能力的训练。最主要的是，通过长跑带来的生命的张力，带来的充沛的精力，不是任何活动可以替代的。

跨栏跑是怎样进行的？

　　跨越障碍物是人类在长期生产，以及与自然作斗争中所形成的一种基本的生活技能。作为田径运动的跨栏跑，是由跨越障碍物的基本技能发展演变而来。

　　跨栏跑运动起源于英国。17～18世纪时，英国一些地区畜牧业相当发达，牧民们经常需跨越畜栏，追赶逃跑的牲畜。节日里，一些喜爱热闹的年轻牧民还常常举行跳越羊圈的游戏，他们把栅栏搬到平地上，设若干个高矮和羊圈相仿的障碍，看谁能跑在最前面，这就是跨栏赛的雏形。

　　到18世纪末，这项活动正式成为体育运动项目。当时人们把它叫做"障碍跑"，属于男子运动项目，设置的障碍物是一般的栅栏，后来出现了埋在地上的木栏架，再后来又改为像锯木材用的支架。

　　但跨越这种障碍物，不但容易发生伤害事故，而且也妨碍跨栏跑技术的提高，因此跨栏跑在早期一直让运动员们心存隐患。

为此，19世纪初，出现了可移动的"⊥"形栏架，推动了跨栏技术的发展。1935年比赛中又出现了"L"形栏架，栏板只要受4千克的冲撞力量，就会向前翻倒。"L"形结构较为合理和安全，一直沿用至今。

　　跨栏跑是在一定距离内，跨过规定的高度和数量的栏架、技术性较强的短跑项目。国际比赛男子为110米栏，栏高106厘米，栏数10个；女子为100米低栏，栏高84厘米，栏数10个。1990年北京亚运会上，我国选手刘华金在女子100米栏赛中以12秒73的成绩，打破她自己保持的12秒89的亚洲纪录。中国选手刘翔在2004年雅典奥运会追平了沉睡13年的纪录，是12秒91。后来在国际田联超级大奖赛洛桑站他又打破了这个纪录，创造了12秒88的好成绩。这是中国人的骄傲！古巴人罗伯斯于 2008 年 6 月 12 日创造了新的世界纪录是 12 秒 87。

跨栏跑，是途中设有固定数量、固定距离、固定高度栏架的短跑项目，也是田径运动中技术比较复杂、节奏性比较强、锻炼价值比较高的项目。从事跨栏跑运动，可以培养勇敢、顽强、果断和克服困难的意志品质，并能有效地发展速度、弹跳力、柔韧和灵敏等身体素质。

跨栏跑的成绩，取决于运动员的平跑速度、跨越栏架的完善技术，跑、跨越栏架的完善技术，以及跑、跨两者协调配合的能力。仅有好的跑速，而无跨越栏架的完善技术，是不能在跨栏跑中获得优异成绩的。同样，仅有合理技术，而无良好跑速，也是不能在跨栏跑中获得更高成绩的。

跨栏跑的关键是快，这就是一要跑得快，二要完成跨越栏架一系列动作快。因此，任何距离跨栏跑的特点都是短时间大强度的工作。动作自然，而且能以必要的幅度和较快的频率完成，是现代跨栏跑技术的基本特征。尽管跨栏跑的距离有长有短，栏架有高有低，栏间跑的步数有多有少，但是跨越栏架的技术是基本相同的。

接力跑是田径运动中唯一的
集体项目吗？

接力跑以队为单位，每队 4 人，每人跑相同距离。接力跑引入体育比赛，不只是田径项目，在不少其他体育活动中也有类似的比赛。就田径而言，其起源诸说不一，主要有两种说法：

一种说法是由非洲黑人接力运送木材演变而来的。非洲人在茂密的森林中砍伐木料后，道路崎岖，运送困难，于是采用了接力的方法。搬运过程中，彼此进行速度比赛，看谁搬得快，运得多。

另一种说法是在 17 世纪时，葡萄牙一艘军舰外出，水兵上岸游玩，发现当地居民聚在一起进行一种有趣的游戏。参加者分成若干组，每组 4 人，每组有一人拿着空坛，比赛开始后，持空坛的人迅速跑向 50 米外的水坛，将水倒入空坛，然后拿着空坛跑回交给本组第二人。如此循环往复，直到全组跑完，最先跑完者获胜。葡萄牙水兵将这种游戏带入欧洲，并加以改变，以木棒代替空坛，很快就成为学校中的一项活动，以后又演变成田径运动中的接力赛。

奥运会比赛项目分男、女 4×100 米接力跑和 4×400 米接力跑。1908 年第四届奥运会首次设立接力项目，但 4 名运动员所跑距离不等。1912 年第五届奥运会改设 4×100 米接力跑和 4×400 米接力跑。女子 4×100 米接力跑和 4×400 米接力跑分别于 1928 年、1972 年被列入奥运会比赛项目。接力跑运动员必须持棒跑完各自规定的距离，并且必须在 20 米的接力区内完成传接棒。

接力跑是多人径项。跑手会传接 30 厘米长的金属圆柱。他们必须在接棒区内接棒。当拿着棒的跑手接近，将接棒的跑手便开始跑，以更早达到最高速度。因此，接力赛的成绩除以跑手人数通常比独立项目的成绩快。根据跑手的速度，接力赛的跑手位置通常如下：第二快、第三快、最慢、最快。如果站出了跑道，会被取消比赛资格。

接力跑是由几个人组成接力队，每人跑完一定的距离，用接力棒或接力带进行传递，相互配合跑完全程的集体田径项目。

目前，在田径场跑道上正式比赛的接力跑有：男、女 4×100 米、4×400 米。有时候举行 4×200 米和 4×800 米的接力赛跑。还有在公路上举行的接力赛，如公路马拉松接力赛。

在群众性体育活动中，还有不同形式的接力跑，如：不同距离的团体接力，各种形式的迎面接力、异程接力等。

障碍跑是长跑与跨越障碍的结合吗？

障碍跑是在田径场地上跑越一定障碍的竞赛项目，是长跑与跨越障碍相结合的运动项目。

障碍跑作为田径项目，始于英国。它和越野跑可算是一对"孪生兄弟"。有人设想把越野跑搬到运动场上来。于是，运动场上出现了篱笆、栅栏、水坑等人工障碍物。1837 年，在英国乐格比高等学校里，首创了一种叫做"障碍跑"的比赛项目。从此，这项运动在英国普遍开展起来。随后又相继传到其他国家，这才逐渐被人们所接受。

19 世纪，障碍跑在英国兴起。最初在野外进行，跨越的障碍是树枝、河沟，各障碍间的距离也长短不一，19 世纪中叶开始在跑道上进行。有的研究报告指出，19 世纪时障碍跑的距离不统一，具有很大的随意性，短的 440 码，长的可达 3 英里。

1900 年第 2 届奥运会首次设立障碍跑，分 2500 米和 4000 米两个项目。从 1904 年第 3 届奥运会起将障碍跑的距离确定为 3000 米，并沿用至今。全程必须跨越 35 次障碍，其中包括 7 次水池；障碍架高 91.1～91.7 厘米，宽 3.96 米，重 80～100 千克。400 米的跑道可摆放 5 个障碍架，各障碍架的间距为 80 米。运动员可跨越障碍架，也可踏上障碍架再跳下，或用手撑越。国际田联直到1954 年才开始承认其世界纪录。

障碍跑不但要求运动员具有长跑的耐力和技术，还要掌握跨越障碍和水池的本领。正式比赛项目只有 3000 米障碍一项，全程共跨越 35 次障碍，其中有 7 次跨带水池的障碍。途中障碍设置方法有两种：一种每圈长 390 米，跑 7 圈，起点至第一圈起点 270 米，第一圈起点至第一障碍 10 米，第二障碍至第五障碍 78 米，第五障碍至终点 68 米。另一种每圈长 410 米跑 7 圈，起点至第一圈起点 130 米，第一圈起点至第一障碍 10 米，第二障碍至第五障碍 82 米，第五障碍至终点 72 米。越过障碍栏架的方法有两种：一种是直接跨栏法，近似 400 米栏的动作，起跨点约距栏架 1.5 ~ 1.8 米，起跨角略大，身体重心腾起稍高。另一种方法是踏上跳下法，用有力腿蹬地起跳后，前伸的摆动腿屈膝以脚跟踏上横木后沿，随之身体前移，待重心移过障碍架后，支撑腿也转为脚尖蹬横木使身体向前落下，用起跨腿落地。跨过水池障碍的方法也采用踏上跳下法。

女子障碍跑开展很晚，国际田联 1997 年才开始推广。在 2008 年第 29 届奥运会上女子 3000 米障碍被设为正式比赛项目。

为什么马拉松的全程为
26 英里 385 码？

马拉松是国际上非常普及的长跑比赛项目。全程距离 26 英里 385 码，折合为 42.1951 千米。分全程马拉松，半程马拉松和四分马拉松三种。以全程马拉松比赛最为普及。一般提及马拉松，即指全程马拉松。

这个比赛项目的距离为什么不是整数呢？这要从公元前 490 年 9 月 12 日发生的一场战役讲起。

这场战役是波斯人和雅典人在离雅典不远的马拉松海边发生的，雅典人最终获得了反侵略的胜利。为了让故乡人民尽快知道胜利的喜讯，统帅米勒狄派一个叫斐迪庇第斯的士兵回去报信。

斐迪庇第斯是个有名的"飞毛腿"，为了让故乡人早知道好消息，他一个劲地快跑，当他跑到雅典时，已喘不过气来，只说了一句"我们胜利了"就倒在地上死了。

为了纪念这一事件，1896 年举行第 1 届奥运会时，顾拜旦采纳了历史学家布莱尔（Michel Breal）以这一史事设立一个比赛项目的建设，并定名为"马拉松"。比赛沿用当年斐迪庇第斯所跑的路线，距离约为 40 公里 200 米。此后十几年，马拉松跑的距离一直保持在 40 公里左右。1908 年第 4 届奥运会在伦敦举行时，为方便英国王室人员观看马拉松赛，特意将起点设在温莎宫的阳台下，终点设在奥林匹克运动场内，起点到终点的距离经丈量为 26 英里 385 码，折合成 42.192 千米。国际田联后来将该距离确定为马拉松跑的标准距离。女子马拉松开展较晚，1984 年第 23 届奥运会才被正式列入比赛项目。

由于马拉松比赛一般在室外进行，不确定因素较多，所以在 2004 年 1 月 1 日前马拉松一直使用世界最好成绩，没有世界纪录。

在 2004 年雅典奥运会上，首次将奥运会的最后一个比赛项目男子马拉松的颁奖典礼安排在闭幕式上举行。在东道主希腊人看来，马拉松比赛是奥运会的"灵魂"之一，在闭幕式上为马拉松运动员颁奖，是奥林匹克回家的一种象征。2008 年北京奥运会，继承了这一做法。

竞走与普通走、跑步等有什么区别？

竞走是从日常行走的基础上发展出来的运动。

竞走起源于英国，1867 年，英国举行了第一次竞走锦标赛。到了 19 世纪 90 年代，这项运动在德国盛行起来。1893 年举行的维也纳到柏林的竞走比赛，全程长达 578 千米。1908 年，奥运会正式将

竞走列入比赛项目。从 1961 年起，每年举行卢迦诺杯竞走比赛，以后发展成为世界杯赛，男选手争夺卢迦诺杯，女选手角逐爱斯堡恩杯。竞走比赛最先出现于 1775 年 ~ 1800 年间的英国，有些更是夜以继日地进行。竞走于 1908 年正式成为奥运会比赛项目，并且分为 3500 米及 1000 米两种赛程，后来亦出现过 3000 米及 10000 米的赛事。1932 年的奥运会首次加入 50000 米竞走的公路赛，而 10000 米竞走则在跑道上进行。自 1956 年起，20000 米及 50000 米竞走正式成为奥运会的比赛项目，并且在公路上进行。女子竞走比赛始于 1932 年的捷克，直至 1992 年的奥运会，女子 10000 米竞走才正式成为比赛项目，而且也是在公路上进行，结果由中国的运动员陈跃玲夺得首枚奥运会女子竞走金牌。此外，中国的女子竞走运动员如红、徐永久、李素杰、关平、金冰洁、徐跃玲等，亦曾多次刷新 5000 米及 10000 米竞走的世界纪录。

竞走技术的基本要求：

首先，步幅自然、宽大、频率快、身体重心轨迹波动小，移动速度快，实效性高。

其次，动作自然、协调、节奏感强、轻松省力、经济性好。

最后，双脚不能同时离地。

普通走步的速度，每小时约 5 千米左右，而竞走的速度则快得多，即使用中等速度走，也要比普通走快一倍以上。

竞走的速度取决于步频和步长。普通走每分钟约为 100 到 120 步，而竞走可达 180 ~ 200 步，优秀的竞走运动员每分钟超过 200 步。普通走的步长一般是 70 ~ 80 厘米，竞走的步长可达 90 ~ 110

厘米，身材高大的运动员的一步是 120 厘米左右。

普通走，每步一般需要 0.5~0.55 秒，而竞走每步只需要 0.27~0.32 秒，甚至还要少一些。因此，这就加大了肌肉紧张和放松交替工作的困难程度，需要在训练中很好地解决。

步长和步频是相互制约的。加大步长相对地会影响步频，加快步频也会影响步长。一般应保证一定步长的前提下提高步频。过分加大步长，会给有关肌肉加重负担和增加紧张程度，过多消耗体力，容易引起疲劳，而且也不利于步频的加快。加快步频是依靠腿部肌肉的力量和中枢神经系统的作用，其潜在力是比较大的。

竞走的单脚支撑和双脚支撑是不一样的，单脚支撑要比双脚支撑时间长得多。要想加快竞走速度，必须缩短单脚支撑和双脚支撑的时间，但缩短双脚支撑时间是主要的，而缩短单脚支撑时间其效果是不明显的。

竞走比赛有两个核心规则。首先，竞走运动员必须始终保持至少有一只脚与地面接触。其次，前腿从着地的一瞬间起直到垂直位置必须始终伸直，膝关节不能弯曲。

比赛中有 6~9 名专职的竞走裁判员监督运动员。按规则规定，他们不能借助任何设备帮助判断，只能依靠自己的眼睛来判断运动员是否犯规。当竞走裁判员看到竞走运动员的动作有违反竞走技术的迹象时，应予以黄牌警告，并在赛后报告给主裁判。当运动员的行进方式违反竞走技术的规定，表现出肉眼可见的腾空或膝关节弯曲时，竞走裁判员须将一张红卡送交竞走主裁判。当竞走主裁判收到针对同一名运动员的三张来自不同竞走裁判员的红卡时，该运动

员即被取消比赛资格，并由主裁判或主裁判助理向其出示红牌通知他（她）。

跳高经过了哪些技术变革？

跳高是田赛项目之一。过杆技术有跨越式、剪式（亦称"东方式"）、滚式、俯卧式和背越式等。跳高运动最初起源于英国，是从体操项目中派生出来的。男子跳高于 1896 年第 1 届奥运会上被列入正式比赛项目。女子跳高于 1928 年开始正式列入奥运会项目。

第一种正式载入田径史册的跳高姿势是跨越式，它出现于 1864 年牛津大学和剑桥大学的田径对抗赛上。当年，英国运动员罗伯特·柯奇以"跨越式"创造了 1.70 米的第 1 个跳高世界纪录。

1895 年，美国人斯维尼改进了跨越式，其特点是运动员在过杆时，身体急速侧向转体，两腿交叉如剪刀，这就是"剪式"，这种技术在当时创造了 1.97 米的新纪录。

1912 年，美国运动员霍林在美国斯坦福大学田径赛上采用左侧斜向助跑，过杆时以身体左侧滚过横杆的技术赢得冠军，霍林把这种技术命名为"滚式"，也正是这种技术使人类首次越过了 2 米的高度。

1923 年，苏联运动员伏洛佐夫又创造出"俯卧式"跳高技术，这种新型技术动作很快就被田径选手们所接受。

在 1968 年第 19 届奥运会上，39 名跳高运动员中有 38 人采用这种技术，使"俯卧式"技术的应用达到了巅峰。然而也是在这届奥运会上，一种新的过杆动作开始崭露头角。

在 19 届奥运会上，美国 21 岁的福斯贝里过杆动作与众不同，他越过横杆时，不是面朝下，而是面朝上、背朝下地"飞"过横杆，这个动作被命名为"背越式"过杆技术。在这一届奥运会上，福斯贝里以 2.24 米的成绩创造了新的奥运会纪录，"背越式"跳高也随之风靡全球。此后十余年间，"俯卧式"跳高和"背越式"跳高究竟哪个技术更先进，田径界一直没有定论。直至第 22 届莫斯科奥运会上，联邦德国运动员韦希格以背越式跳高技术一举征服 2.36 米的高度，战胜了所有采用"俯卧式"跳高的运动员后，"背越式"跳高才逐渐开始占据跳高技术的统治地位，"俯卧式"跳高技术也从此逐渐被冷落。

撑竿跳高为什么要借助竿子？

撑竿跳高是田径运动项目的一种。运动员借助竿子支撑和弹力，以悬垂、摆体和举腿、引体等竿上动作使身体越过一定高度。撑竿跳高是一项技术复杂的田径运动项目。

　　撑竿跳高起源于古代人类利用木棍、长矛等撑越障碍的活动。据记载，公元554年爱尔兰就有"撑越过河"的游戏。撑竿跳高原为体操项目，流行于德国学校。1789年德国的布施（Busch）跳过1.83米，这是目前世界上有据可查的最早成绩。作为田径运动项目首先在英国开展，1843年4月17日英国职业选手罗珀（John Roper）在彭里斯越过2.44米。19世纪末开始流行于欧洲国家。撑竿最早使用木杆，最高成绩为3.30米；1905年开始使用重量较轻、有一定弹性的竹竿，最高成绩达到4.77米；1930年出现较为坚固的金属竿，运动员无撑竿折断之虑，可以提高握竿点，加快助跑速度，最好成绩达到4.80米；1948年美国设计制造出重量更轻、弹性更强的玻璃纤维竿，目前使用该竿已突破了6米的高度。撑竿跳高的横杆可用玻璃纤维、金属或其他适宜材料制成，长4.48～4.52米，最大重量2.25千克。撑竿的长度和直径不限，但表面必须光滑。运动员一般都自带撑竿参加比赛。比赛时，运动员必须将撑竿插在插斗内起跳；起跳离地后，握竿的手不得向上移动，可以在规定的任一起跳高度上试跳，但每一高度只有3次试跳机会。男、女撑竿跳高分别于1896年和2000年被列入奥运会比赛项目。

跳远是如何演变的？

跳远是最古老的竞技项目之一，在古希腊奥林匹克的"五项运动"中就有跳远。

据史料记载，首次正式的跳远比赛是在公元前708年举行的，距今已有2600多年的历史。当时跳远的设施非常简单，只是把地面的土质刨松，然后在前面放一条门槛代替起跳板。为避免落地时产生伤害事故，以后用沙坑代替了松土。

18世纪末，法国教育家古特木斯和雅安把跳远列为锻炼身体的重要项目之一，并在他们的著作里详细介绍了跳远运动的设备和训练方法，高度肯定了跳远在人体运动中的重要作用。

现代跳远运动始于英国，1827年9月26日在英国圣罗兰·博德尔俱乐部举行的第一次职业田径比赛中，威尔逊越过5.41米的远度，这是第一个有记载的跳远成绩。随着时间的推进，跳远运动的纪录不断被打破。在近代田径比赛中，英国运动员麦切尔在1864年创造了5.48米的成绩。比蒙在第19届奥运会获得跳远冠军，其8.90米世界纪录一直保持了20多年，才被美国选手鲍威尔以8.95米的新纪录打破。

跳远由助跑、起跳、腾空和落地等动作组成。运动员沿直线助

跑，在起跳板前沿线后用单足起跳，经腾空阶段，然后用双足在沙坑落地。比赛时以跳的远度决定名次。1896 年第一届奥运会上被列为正式比赛项目，1948 年第十四届奥运会上又增加女子比赛项目。助跑是有一定距离和步数的加速跑，它能使人体获得最大水平速度，为起跳做好准备。起跳是助跑后身体按适宜的角度向空中快速腾起的过程。起跳腿在踏板上要经历放脚、缓冲、蹬伸 3 个阶段。在起跳腿蹬离地面的同时，摆动臂和摆动腿要协调配合做摆动动作，其要领是抬头、挺胸、提肩、拔腰。空中姿势一般分为蹲踞式、挺身式、走步式 3 种。无论采用哪种空中姿势，双腿在起跳离地的瞬间都有一个跨步姿势的"腾空步"动作。蹲踞式要求在落地前，尽量将双腿提至胸前并高举落地。挺身式要求腾空后下放摆动腿和双臂，将髋、胸充分展开，然后收腹举腿落地。走步式在腾空时采用 2 步半和 3 步半两种技术。要求在空中做大幅度的前后迈步换腿动作，并与两臂协调配合。落地动作一般有"前倒缓冲法"、"侧倒缓冲法"、"坐臀缓冲法"。其目的是维持好身体重心平衡，避免发生伤害事故。

什么是三级跳？

三级跳又称为三级跳远，是田径中的一个项目之一。

早在公元前 200 年左右的一场运动会上，就出现了一场以单脚跳而又要起跳三次的跳远比赛。在瑞士首都苏黎世，三级跳远比赛曾在 1465 年以及 1472 年举行过，并向优胜者颁发奖品。在当时，并没有一定的比赛规则。直到了 18 世纪，三级跳远在爱尔兰得到了发展，在 19 世纪未时，正式的三级跳远出现，这套规则与当代三级跳远的规则几乎一样，男子三级跳远于 1896 年被列入奥运的田径项目之一，而女子三级跳项目发展较为缓慢，女子三级跳项目在 1996 年才正式列为奥运项目之一。

三级跳远主要的技巧有两种，分别为：单足跳以及跨步跳。

单足跳：单足跳是于 18 世纪时由爱尔兰人创立，是三级跳远的起源，这种的跳远方式需要一段较长的时期，后来，德国出现了以交换腿的跳跃方法。跨步跳：跨步跳最初被视为单足跳以及跳跃之间的动作，在 1924 年，由一位澳大利亚人发展为没有停顿的连续动作。

为什么男子铅球的重量不是整数？

　　铅球是世界田径赛场上的传统项目。在远古时期，面对严酷的自然环境和原始水平低下的生产力，人类要在地球上生存延续下去，不仅要跑得快，或迅速跳越障碍去追捕各种动物，或逃避猛兽的伤害，而且还要学会利用工具把石头、梭标、鱼叉等投得又远又准，以便击中猎物而获得食物。奴隶制时期，随着人类的进化、社会的进步，掷重石已成为重要的作战方法。为了提高各自的战斗力，掷重石就被当作重要的训练手段。古希腊时期，曾一度流传着投掷石块的比赛，并将此作为选拔大力士的重要标准。相传，在公元 1150 年左右，希腊雅典举行过一次规模宏大的掷重圆石比赛。根据规定，大力士们把圆石高高举起投向远方，以投掷距离的远近来决定优劣胜负。这可说是铅球运动的前身。大约在公元 1340 年，希腊开始出现了火炮，而炮弹是用圆形铅制成的。为了使炮手作战时装填炮弹熟练、迅速、敏捷，以提高军队的战斗能力，希腊人就在日常训练中让士兵用同炮弹重量大小相当的石头练习，并进行比赛。后来又用废弃的铅制炮弹代替石头进行模拟训练，这才是现代铅球的直接起源。再之后，这一训练从部队流入民间，慢慢地变成了投掷铅球的游戏，并很快得以传播，成为广受群众欢迎的体育竞赛项目。1896 年，铅球成为第一届现代奥运会上投掷比赛正式项目。从它诞生之日起，它就一直是大力士的宠儿，它使得各国大力士能一展自己的雄风。

铅球很重很圆，是一个表面光滑的金属球。在男子比赛中，铅球直径必须在 110～130 毫米之间，女子则在 95～110 毫米之间。

铅球比赛中运动都是在投掷圈中站立开始投掷。投掷圈外围是铁镶的边，有 6 毫米厚，顶端涂白。在投掷时，运动员不能接触铁边的顶端或者投掷圈以外的地面。铅球的投掷圈直径 21.35 米，圈内地面由水泥或者有相似的硬度又能防滑的物质构成，它的高度略低于地面高度。铅球投掷圈的正前方放着一个木质的挡板为 1.21～1.23 米长，它是用来防止运动员滑出圈外的。运动员可以碰挡板的内侧，但不能碰挡板的顶部。

在比赛中，着陆区都是由煤渣、草坪或者其他能留下印记的物质构成的平坦区域。每一个扇区由 5 厘米宽的白线分开。在铅球比赛中，着陆区的扇面角度在 2003 年由以前的 40 度改为了 34.92 度。

男子铅球有一个奇怪的现象，就是它的重量是 7.257 千克，为什么男子铅球重量不取整数而要保留三位小数呢？这得从铅球的来历说起。

1340 年，欧洲出现了世界上第一批炮兵，用的是火药炮。炮弹是用铁铸成的，样子像个圆球。一个炮弹的重量是 16 磅，合 7.257 千克。士兵们在休息时，用炮弹推来推去玩耍，逐渐地发展成为锻炼身体的方法，后来因此而被列入了田径运动项目。

但有人觉得铁铸的圆球体积太大，使用起来不方便，就改为铁

壳里灌铅，成为铅球，重量仍为 7.257 千克。由于铅的比重大于铁的比重，在重量不变的条件下，铅球体积比铁球大大缩小，用起来可就方便多了。不过现在 7.257 千克（四舍五入为 7.26 千克）的铅球，只限于男子比赛时使用。女子比赛的铅球为 5 千克，却不再保留小数。

奥运铁饼比赛有哪些传奇？

铁饼起源于公元前 12 世纪—公元前 8 世纪，是希腊人投掷石片的活动，英文称其为 discus。公元前 708 年第 18 届古代奥运会列为五项全能项目之一。铁饼最初为盘形石块，后逐渐采用铜、铁等金属制作。现代奥运会史上，曾有过双手掷铁饼的比赛项目（左手＋右手）。掷铁饼技术经历过原地投、侧向原地投、侧向旋转投、背向旋转投几个发展过程。铁饼可用木料或其他适宜材料制作如橡胶，男子铁饼重 2 千克，直径 22 厘米；女子铁饼重 1.5 千克，直径 18.1 厘米，中心用水填满。比赛时，运动员应该在直径 2.50 米的圈内将铁饼掷出，铁饼必须落在 40 度的角度线内方为有效。男、女铁饼分别于 1896 年和 1928 年被列入奥运会比赛项目。

铁饼比赛是奥运会最古老的项目，也是古代奥运会的标志性运动。1896 年，在雅典举行的第 1 届奥运会上，来自美国的田径运动员罗伯特·加勒特，获得掷铁饼和投铅球两项冠军。他是现代奥运会第一个铁饼冠军的获得者。这本身就是一个奇迹，然而，还有更奇怪的事情，加勒特在参加奥运会之前根本不知道铁饼是个什么样的。然而这个从来没有见过铁饼的人竟然获得了掷铁饼冠军，的确让人不可思议。

　　加勒特是美国普林斯顿大学的学生和田径队队长，在第 1 届奥运会之前，他只见过古希腊雕塑家米隆所作的《掷铁饼者》雕塑的照片。当他得知第 1 届奥运会将在雅典举行，并且设有铁饼比赛项目时，对此产生了浓厚的兴趣。他曾四处打听哪里有铁饼和掷铁饼的方法，结果这一切都是徒劳。他只得请人按《掷铁饼者》雕塑里铁饼的模样仿造了一个铁饼，并模拟塑像的姿势进行训练。可是当发现仿造的铁饼非常笨重且难以投掷时，他放弃了参加铁饼比赛的念头。

　　第 1 届奥运会开始以后，加勒特作为美国代表团的一员，准备参加铅球项目的比赛。铅球比赛的前一天是掷铁饼比赛，这天一名希腊选手帕拉斯瓦普罗斯把铁饼掷到了 29 米的地方，全场观众庆贺胜券在握。可是，在场观战的罗伯特·加勒特也跃跃欲试，当场报名参战，因规则允许，这位从未见过标准铁饼是什么样的美国人上场了，他模仿希腊人的投掷动作，投了 2 次，找到了感觉。第 3 次试投时，他右臂后伸，然后用力一挥，铁饼飞到了 29.15 米以外，比希腊选手的最佳成绩远了 15 厘米，硬是从希腊人手中抢走了冠军，场上运动员、裁判员对他的惊人表现目瞪口呆。而观众却为这位初学乍练的美国选手欢呼鼓掌。之后，加勒特还在铅球比赛中夺得冠军，并在跳远和跳高项目上获得亚军，成为首届奥运会获奖牌最多的田径选手。

　　后来，加勒特在 1900 年的第 2 届奥运会上获得了投铅球和立定三级跳远的铜牌。然而最让人难忘的仍是他在第 1 届奥运会铁饼比赛中的最后一掷。

标枪是从兵器转化而来的吗？

掷标枪，是一个比较复杂的多轴性旋转项目。它的完整技术，是由肩上持枪经过一段预先助跑连接投掷步获得动量，通过爆发式的最后用力作用于标枪的纵轴上，将标枪经肩上投出去。古代标枪在比赛方式上除了投远度外，还有投准比赛。

标枪，作为一种田径项目，是一个比较复杂的多轴性旋转项目，全称应该是：掷标枪（javelin throw）。而在标枪运动中，人们一边设法提高标枪的"滑翔性"，一边却通过精密的计算来降低掷标枪运动成绩，应该说是一件很有趣味的事情。

标枪是人类历史上有据可靠的最早的远程兵器之一。从原始社会开始，它就被用作重要的狩猎工具。标枪一般由镖头和枪杆组成，有些装有起平衡作用的尾翼。镖头由金属打制而成，一般有锥形和长水滴形等形式，套装在枪杆上。枪杆通常用硬木、竹竿或金属制成。在战场上，标枪常常与盾牌配合使用，以弥补近身武器的不足。随着弓弩的出现，标枪的使用开始减少，但是直到13世纪，标枪仍然是世界许多国家军队的制式装备。

古代人类用长矛猎取野兽，后长矛又发展成为作战的兵器。公元前708年被列为第18届古代奥运会五项全能之一。现代标枪运

动始于 19 世纪的瑞典、希腊、匈牙利和芬兰等欧洲国家。1792 年瑞典的法隆开始举行标枪比赛。最初运动员使用的木制标枪前后一样粗，20 世纪 50 年代初，美国标枪运动员赫尔德研究出两端细、中间粗的木制标枪，延长了标枪在空中飞行的时间，因而被称为"滑翔标枪"。60 年代瑞典制造出金属标枪，使标枪的滑翔性能更强，大幅度提高了运动成绩。1984 年德国运动员霍恩以 104.80 米的成绩打破世界纪录。国际田联为保证看台观众的安全，1986 年将男子标枪重心向枪尖方向前移 4 厘米，以降低飞行性能，1999 年又将女子标枪重心向枪尖方向前移 3 厘米。标枪可用金属或其他适宜的类似材料制作。男子标枪重 800 克，长 260～270 厘米；女子标枪重 600 克，长 220～230 厘米。比赛时，运动员必须单手将标枪从肩上方掷出，枪尖必须落在投掷区角度线内方为有效。男、女标枪分别于 1908 年和 1932 年被列入奥运会比赛项目。

标枪早期的木竹过期后，越来越多的科技含量融入其中，加上标枪运动员越来越精湛的水平。标枪的世界纪录被定格在了 104 米。然而，这个成绩已经威胁到了现场观众的生命安全。国际标枪联合会于是做出了一项改革，一项简单而有效的改革：将标枪的重心配置向后移动了一厘米。正是这一厘米导致标枪在飞行过程中更快下落，也限制了标枪成绩的一味猛升。

可以说，标枪运动是科技与奥运的完美产物。

链球是如何发展起来的?

链球是田径运动中投掷项目之一,链球运动使用的投掷器械,球体用铁或铜制成,上面安有链子和把手。运动员两手握着链球的把手,人和球同时旋转,最后加力使球脱手而出。投掷链球须在直径 2.135 米圆圈内进行。运动员双手握住柄环,站在投掷圈后缘,经过预摆和 3~4 圈连续加速旋转及最后用力,将链球掷出。球落在规定的落地区内,成绩方为有效。比赛的规则要求与铅球基本相同。链球运动属于一种可增长力量型运动,要求运动员有高协调性和在高速度的旋转中维持身体平衡的能力。

链球是由打铁的铁锤演变而来。中世纪时,苏格兰的铁匠和矿工,在业余时间里经常用他们的生产工具——带有木柄的铁锤进行掷远比赛。以后,这样的比赛逐渐在英国流行。链球的英语词意即铁锤。

19 世纪后期,链球成为英国牛津大学和剑桥大学运动会的比赛项目。那时的投掷方法是旋转五圈后掷出,投掷的方向没有限制。决定投掷距离的办法,是从投掷者的前脚到链球的落点来计算。第一个纪录是牛津大学学生在 1873 年创造的,他使用的球柄比较长,球体是用铅做的。从那时起,链球才开始改为圆形,其后

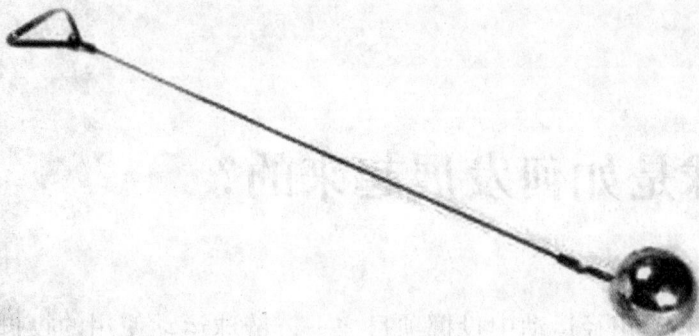

柄也由木制的改为钢链，链球由此而来。掷链球最初采用原地投，后逐渐改进为侧向投，旋转一圈投、两圈投、三圈投，现运动员多采用四圈投。

1900 年在第 2 届奥林匹克运动会上，掷链球被列为比赛项目。同时规定了在直径 2.135 米的圆圈内投掷，链球落地的有效区为 90 度，以后改为 60 度，现在是 40 度。

链球运动的故乡虽在英国，但英国却没有在这项运动中取得过出色的成绩，也从未创造过世界纪录和在奥运会上获得过金牌。而美国在 20 世纪初却有出色的表演。美国人创造了第一个链球世界纪录。自 1900 年链列入奥运会比赛后，美国人从 1900 年—1924 年在这一项目上曾失去优势，但 50 年代中期重新崛起，其著名选手康纳利，曾 6 次创世界纪录，并获得 1956 年奥运会金牌。1960 年他又第一个突破 70 米大关，并创造了 70.33 米的世界纪录。

继美国之后，链球优势之争在欧洲国家之间展开。世界纪录在德国、匈牙利、挪威、苏联等国之间多次改写。奥运金牌也全由欧洲人包揽，匈牙利一度较为突出。

1954 年，苏联选手发威，克里沃诺索夫接连 5 次创世界纪录。20 世纪 60 年代的克里姆、帮达丘克，70 年代的斯皮里多诺夫、扎伊丘克，都曾刷新过世界纪录；进入 80 年代，苏联包揽了全部世界纪录。

在 1960—1988 年的八届奥运会中，苏联除 1968 年、1984 年两届未参加外，包揽了其余各届的金牌。特别是 1976 年奥运会时，帮达丘克带着他的两名学生参赛，师徒三人包揽全部奖牌。师徒同台领奖，成为奥运会上的一段佳话。另外，他们还在世界田径锦标赛、世界杯赛中多次夺魁。

掷链球的运动员最初都是些身体高大的人，大多是单纯用力量进行投掷。以后，随着体育科学的发展，运动技术的不断完善和训练方法的改进，投掷链球的技术便向着加快速度方面发展。近年来，投掷方法又有较大的突破，出现了旋转四圈投掷的技术。这就加快了链球出手的速度，提高了运动成绩，目前世界纪录已达 86.74 米。近两年在国际上已有一些国家开展了女子链球运动，并且发展很快，1998 年被正式列入奥运会和田径系列大赛的正式比赛项目。

什么是十项全能？

十项全能是由跑、跳、投等 10 个田径项目组成的综合性男子比赛项目。田径全能运动曾经历过多次演变和不断增大难度的过程。

在公元前 776 年开始的古代奥林匹克运动会上，就举行过五项全能运动。1904 年经修改内容，将男子五项全能列为现代奥运会的正式项目。从 1912 年第 5 届奥运会开始，又列入由瑞典人首创的、分两天举行的男子十项全能的比赛项目。1924 年第 8 届奥运会取消男子五项全能，只保留男子十项全的比赛，一直沿用至今。

十项全能从 1922 年开始有世界纪录，项目至今没有变化，但计分方法几经变动：有 1920 年、1934 年、1950 年、1962 年和 1986 年五种计分法，1972 年开始用电动计时。计分法每次变更都对运动员的体能、素质和技术有更高的要求。现在比赛使用 1986 年计分法。

1923—1934 年，十项全能成绩在 6000～7000 分阶段。这一时期杰出的选手有美国的奥斯本、芬兰的于尔耶莱等。

1936—1960 年，十项全能成绩在 7000～8000 分阶段。1936 年美国选手两次刷新世界纪录，成绩为 7254 分。1952 年达到 7592

分，1960 年世界纪录达到 7981 分。这一时期，苏联选手后来居上。1961—1980 年，十项全能达到 8000 分以上。

进入 20 世纪 90 年代，十项全能迅猛发展，世界纪录达到 8891 分。

2001 年月 28 日，捷克选手塞布尔勒在福拉尔贝格进行的国际田联世界挑战赛中，以总成绩 9026 分，打破了同胞德沃拉克保持的男子十项全能世界纪录。

在 2004 年雅典奥运会上，捷克的罗马内·谢布尔勒获得了 8893 分，向 9000 分大关冲击，迈出了令人鼓舞的一步。

参加十项全能比赛的运动员必须在两天内按顺序完成十项比赛。第一天：100 米跑、跳远、铅球、跳高、400 米跑；第二天：110 米跨栏、铁饼、撑竿跳高、标枪、1500 米跑。比赛成绩是按照国际业余田径联合会制定的专门田径运动全能评分表，将各个单项成绩所得的评分加起来计算的，总分多者为优胜。

十项全能选手的得分基于他们在每一项比赛中的表现，最后总成绩最高的人获胜。因此运动员只有每项比赛都有上佳表现而不是偏重一项才能最终获得冠军。实际上，人们设计了复杂的计分系统，以保证在一项比赛中占尽优势的运动员的得分不会高于在几项比赛中成绩都较好的运动员。每一项比赛的得分都取决于该项目的评分标准，奥运会根据世界纪录制定出了一个得分对应表格，由选手的成绩在表格中换算成分数，然后相加得出总分。

竞技体育篇

为什么中国的体操比较强？

　　"体操"是对所有体操项目的总称，而不是具体哪个项目的名称。依据目的和任务，体操可分为基本体操和竞技性体操两大类。基本体操是指动作和技术都比较简单的一类体操，其主要目的、任务是强身健体和培养良好的身体姿态。它所面对的主要对象是广大的人民群众，最常见的有广播体操和为防治各种职业病的健身操。而竞技性体操从字面上就可以看出，是指在赛场上以争取胜利、获得优异成绩、争夺奖牌为主要目的的一类体操。这类体操动作难度大、技术复杂，有一定的惊险性，从事这类体操训练的主要是运动员。目前，竞技性体操包括竞技体操、艺术体操、健美操、技巧、蹦床五项运动。其中，竞技体操男子项目有自由体操、鞍马、吊环、跳马、双杠、单杠六项；女子项目有跳马、高低杠、平衡木、自由体操四项。由于竞技体操的历史最久远，可以说是竞技

性体操中的"老大哥",因此现在人们还通常习惯用"体操"来称呼"竞技体操"。

体操在我国历史悠久,在文献和出土文物中多有记载。据专家研究,我国古代体操有两类:一类是强健筋骨、预防疾病的体操,其中,最有代表性的是古代药学名著《内经》中的"导引养身术"。出土的导引图,距今已有两千一百多年之久,不仅年代久,而且内容非常丰富:有肢体运动、呼吸运动、器械运动等。另一类存在于古代乐舞、杂技、戏剧和流传于民间的技巧运动中。

1969 年春,在山东省济南市北郊无影山的南坡,整理和发掘了14 座汉墓。在出土的文物中,发现了一批西汉时期的乐舞杂技陶俑。这盘群俑中就有四个在做体操的表演,其中两个对称做倒立,两个在做躬弯。而且东汉时期,华佗经过动物启发而研制"五禽戏",虽然针对强身健体的目的而设计,但其优美的动作已经可以看出体操的端倪。

唐宋以后,体操运动有了进一步发展,出现了双人和集体动作,许多复杂的翻腾动作和杂技表演结合在一起。

至于器械体操,远在东汉时期,我国民间就有"杠力功",与现代的器械体操很类似。

现代体操项目传入我国,是在 1840 年鸦片战争以后,当时体操运动十分落后,没有群众性的体操活动。晚清末年,在"洋学堂"中,在维新派改革发展的学校中和民革时期资产阶级改革的教育课程标准中设立体操课。作为教育中全面发展和国家救亡发展的迫切要求,可以说是今天体育课的前身。但是,几十年间只在1924

年第 3 届全运会上举行过一次项目不全的全国性的体操表演。

现在，我国的体操事业突飞猛进，已经成为夺金的主要项目之一，2008 年北京奥运会中，我国在体操项目中就获得了 14 枚奖牌，9 枚金牌。

目前，国际上的大型体操比赛有世界杯赛、世界锦标赛和奥林匹克运动会体操赛。国际和国内的大型体操比赛一般包括三种相互区别又相互联系的比赛，即团体赛、个人全能赛和单项赛。

为什么说举重是"世界上最强壮的人"的竞技比赛？

举重是一项很古老的运动。古希腊人曾用举石头来锻炼和测验人的体力，罗马人在棍的两头扎以石块来锻炼体力和训练士兵。中国民族形式的举重活动，早在两千多年前的楚汉时代就有记录（举大刀、石担、石锁等）。从晋代至清代，举重均列为武考项目。公元前 4000 年的古埃及的绘画记述了法老们用举沙袋或其他重物来锻炼身体，这就是用举重来进行锻炼的最早的记录，运动员们用这种方法来增强身体力量，增加身上的肌肉。举重是一种衡量这种力量的大小、判定一组人中谁最强壮的方式。同体育一样，举重在军事上也用来评估士兵的身体素质。在古代中国，士兵们通常用举起

一种称作"鼎"的庞然大物来证明自己力大无穷，动作同今天的抓举有些类似。大多数情况下，举重被尊称为是一项壮举，这从希腊的雕塑和绘画中就可以反映出来。公元前500年左右的一幅画描绘的是一名年轻人一手举着一块未经加工的石块，每个石块有他头的1.5倍大小。石块慢慢变成了哑铃，之所以这样说，是因为它们是被去掉了击锤的铃，以使它们不会发出声。之后哑铃的形状也不断演变，直到现在备受人们喜爱的杠铃。当20世纪号称汇集了"世界上最强壮的人"的角斗和杂耍表演在美国和英国方兴未艾之际，到1880年，正规的举重俱乐部已在德国和奥地利初具规模。在1877年，维也纳举办了有历史记载的世界上第一个举重比赛，有些比赛项目看上去十分夸张，比如说只用中指或只用牙齿和头发来举起重物。当然，也有正规的抓举和挺举的比赛。纽约的一家不太有名的杂志《时代精神》在1892年公布了第一份业余举重世界纪录，由于当时举重并没有统一的规则，因此有些纪录近乎奇特，像芝加哥的亚当·考克兰拥有的纪录是将一个5.44千克的重物连续举了14000下。然而，随着举重的地位在法国、俄国以及其他一些欧洲国家的提高，第一个举重和摔跤国家联合会在19世纪90年代初登记注册。

第一次正式的国际举重比赛是在1896年希腊举行的第1届奥运会上进行的。当时的举重比赛不分级别，举的方式也只有单手举和双手举两种，并分别计算成绩。英国的尔·埃里奥特以71千克的成绩获得单手举冠军；丹麦的弗·杨森为双手举冠军，他举起了111.5千克。直到1904年，第3届奥运会比赛仍采用这两种举重方式。鉴于当时没有比较完善的举重竞赛规则，从 1908 年到 1912 年，没有运动员参加奥运会举重比赛。

1914 年爆发了第一次世界大战，以后 6 年间，没有举行过世界举重比赛。据国际举重联合会历史委员会撰写的《世界举重运动史》一书记载：纽伦堡人卡斯佩尔·贝格于 1910 年在法兰克福体育游戏展览会上，首次展出了片杠铃，又称贝格杠铃。片杠铃的使用一直沿用至今，是世界举重发展史上的一个里程碑。

1920 年第 7 届奥运会正式恢复举重比赛，并按体重大小分 5 个级别。即次轻量级（60 千克级）、轻量级（67.5 千克级）、中量级（75 千克级）、轻重量级（82.5 千克级）和重量级（82.5 千克以上级）。比赛的动作改为单手抓举、单手挺举和双手挺举。

1924 年第 8 届奥运会的举重比赛，除体重仍分 5 个级别外，比赛动作增至 5 项，即原有的 3 项再加上双手推举和双手抓举。

在 1928 年第 9 届奥运会上，由于上述比赛项目和试举次数的增加，使比赛时间拖得过长，经各国代表讨论决定，将原来的 5 项改为 3 项，即双手推举、双手抓举和双手挺举。这三项规定举重动作方式一直沿用至 1972 年。在体重分级方面，1947 年的世界举重锦标赛采纳了当时的举重强国——埃及的建议，从 5 级升至 6 级，增加了最轻量级（56 千克以下）。4 年后，又把原重量级的体重标准提升到 90 千克以上，增加了次重量级（82.5 千克以上到 90 千克）。自此 7 个级别又通行到 1972 年。

自 1972 年第 20 届奥运会起，举重比赛又增为 9 个级别，即增加了次最轻量级（52 千克以下）和特重量级（110 千克以上），并

将重量级改为 110 千克级。同年，国际举重联合会执行委员会提出取消推举，规定此后的国际比赛，只有抓举和挺举两种方式。从这一年起，还明确了每年举行一次不超过 20 周岁的世界青年举重锦标赛。在第 21 届奥运会期间，又增为 10 级，增加了 100 千克级。

1977 年的第 31 届世界举重锦标赛上，正式将体重级别的名称改为以重量称呼，即以各体重级别的最高限度作为级别的名称，一直沿用至今。这 10 个级别分别是 54 千克级、59 千克级、64 千克级、70 千克级、76 千克级、83 千克级、91 千克级、99 千克级、108 千克级和 108 千克以上级。比赛项目仍为抓举和挺举两项。

第 6 届世界举重锦标赛。苏联第一次参加比赛，诺瓦克夺得轻重量级冠军；埃及的杜尼和瑞典的安德森分别获得中量级和次轻量级冠军；美国运动员则在轻量级和重量级中取得优胜。次年，于美国费城举行的第 7 届世界举重锦标赛，美国运动员获得 6 个级别的冠军。1949 年在荷兰海牙举行的第 8 届世界举重锦标赛上，埃及运动员大显身手，夺得次轻量级、轻量级和中量级三项冠军，伊朗纳姆德获得最轻量级冠军，美国运动员只拿了两项冠军。

1950 年、1951 年举行的第 9 届和第 10 届世界锦标赛，各项冠军分别为美国、埃及和伊朗所获。在 1953 年举行的第 11 届世界举重锦标赛上，苏联异军突起夺得团体冠军。此后，直至 1982 年第 36 届世界举重锦标赛，除波兰队在 1965 年获团体冠军，保加利亚队在 1972 年和 1974 年两度获团体冠军外，其余团体冠军均由苏联队获得。我国运动员自 1977 年起参加世界举重锦标赛，目前，我国男子举重在世界上已达到团体总分第四的水平。

随着男子举重的发展，女子举重也于 20 世纪 40 年代，逐渐盛行于欧洲、美洲，1984 年美国受国际举联的委托，组织了第 1 届女子举重比赛，有 12 个国家参加。同年，国际举联在洛杉矶代表大会上审定并通过了新的国际举重规则，将女子举重正式列入比赛项目，同时制定了女子举重比赛的 9 个体重级别标准。1987 年 10 月 31 日—11 月 1 日在美国德托纳比奇举行了第 1 届世界女子举重锦标赛。有 22 个国家和地区的 99 名运动员参加了比赛。比赛冠军的成绩被公布为女子举重世界纪录。

随后，1988 年 12 月又在印度尼西亚雅加达举行了第 2 届世界女子举重锦标赛，1989 年 11 月在英国曼彻斯特举行了第 3 届世界女子举重锦标赛。现在已有越来越多的国家和地区开展了女子举重运动。

击剑是如何发展起来的？

击剑（Fencing）是体育运动项目之一。运动员穿戴击剑服装和护具，在击剑场上以一手持剑互相刺击，被先击中身体有效部位的一方，为被击中一剑。有多种进攻技术和防守技术，并在规则许可的范围内运用各种战术取胜。

比赛项目男子有花剑、重剑、佩剑，女子有花剑、重剑、佩

剑。均有个人赛和团体赛。团体赛为每队 3 人的队际相遇赛；个人赛先采用分组循环赛，然后根据组内成绩指数排位，进行单败淘汰赛。循环组赛为 4 分钟内先击中 5 剑者为胜；单败淘汰赛为每局 3 分钟，击中剑数累计，先击中 15 剑者获胜。最多打 3 局，每局之间休息 1 分钟。团体赛则根据个人赛成绩，直接进行单败淘汰赛。

击剑运动是一项历史悠久的传统体育运动项目。早在远古时代，剑就是人类为了生存同野兽进行搏斗和猎食所使用的工具。随着人类历史的发展，剑由最初的石制、骨制发展到青铜制、铁制，最后到钢制，并作为战争的武器，逐步走上历史舞台。击剑在古代埃及、中国、希腊、罗马、阿拉伯等国家十分盛行。公元前 11 世纪，古希腊就出现了击剑课，并有剑师讲课。有关古老的击剑形式，在希腊、埃及等国家中的一些历史建筑和纪念碑上都可见到关于击剑的浮雕。

在中世纪的欧洲，击剑与骑马、游泳、打猎、下棋、吟诗、投枪一起被列为骑士的七种高尚运动。为了研究和推动击剑技术的发展，欧洲各国纷纷成立击剑行会（协会和学校）。西班牙被认为是现代击剑运动的摇篮，第一本击剑书籍就由两位西班牙教练编著。14 世纪在西班牙、法国和意大利出现了一个令人炫目的骑士阶层，他们以精湛的剑术纵横天下，博得了广泛的美誉。此后各国贵族纷纷效仿，一时间成为上流社会的时尚，以至于发展到贵族之间解决纠纷，动辄拔剑相向，一剑定生死。

击剑运动真正得到全面的发展还是在法国亨利三世和亨利四世时期。1776 年，法国著名击剑大师拉·布瓦西埃发明了面罩，这一发明使击剑运动进一步走上了高雅道路。人们戴上面罩、手套，穿上击剑服，就可以安全地进行一连串的攻防交锋。面罩的问世是击剑运动发展的一个里程碑。法国成为当时欧洲击剑运动的发展中心。

16 世纪末和 17 世纪初的欧洲盛行决斗。在这种形势下，为了满足人们对击剑的爱好和需要，又不至于伤害生命，一种剑身较短并呈四棱形，剑尖用皮条包扎的新型剑被设计出来，受到人们的普遍欢迎，并得到广泛开展，这便是现在花剑的雏形。从此，在欧洲的习武厅、击剑厅及专业学校里，花剑的击剑方式逐渐形成并日趋完善。

热衷于决斗的绅士和贵族从 1885 年开始，在习武厅进行练习时，使用三棱形剑，交锋不限制部位，这就是延续至今的重剑。

18 世纪末，匈牙利人对东方波斯人、阿拉伯人及土耳其人早期骑兵用的弯形短刀，进行了改革，于剑柄上装配了一个像弯月形的护手盘，在击剑时可以起到保护手指的作用。后来，意大利击剑大师朱赛普·拉达叶利将它进一步改进，使它能在击剑运动和决斗中使用，并根据骑兵作战的特点，规定有效部位为腰带以上，这便成为现代佩剑的前身。至此，人们在从事击剑时就可以自由地选择花剑、重剑和佩剑。

19 世纪初，在法国击剑权乌伊拉夫热耳的倡议下，将花、重、佩这 3 种不同式样的剑的重量再加以减轻，同时对一些技术原理及战术意义进行深入研究，并且在一些欧洲国家经常开展竞赛活动。击剑运动由此逐渐成为国际性的体育竞赛项目，并最早成为奥林匹

克大家庭中的一员。

现代击剑运动是奥运会的传统项目。1896 年在雅典举行的第 1 届现代奥运会上就设有男子花剑、佩剑的比赛。1900 年在巴黎举行的第 2 届奥运会上增加了男子重剑比赛。1924 年在巴黎举行的第 8 届奥运会上又增加了女子花剑比赛。1992 年在巴塞罗那举行的第 25 届奥运会上，女子重剑被列为正式比赛项目。女子佩剑于 2004 年雅典奥运会上被正式列入奥运会项目。

1913 年 11 月 29 日在法国巴黎成立了国际击剑联合会。1914 年 6 月在巴黎通过了《击剑竞赛规则》，从而使击剑运动竞赛趋向公平、合理。

1931 年，重剑比赛开始使用电动裁判器。1995 年，电动花剑裁判器也运用于比赛。1989 年，佩剑比赛开始采用电动裁判器。电动裁判器的发明也是现代击剑运动史上的一个里程碑，它使击剑比赛更加公平，同时推动击剑技术向更新的高度发展。

法国、意大利、俄罗斯、德国、匈牙利在不同时期，都是击剑强国。引领着世界击剑运动发展的潮流，并各自代表一个古典的击剑流派，其基本技术动作和战术打法风格都有明显的差异。近 50 年来，击剑技术动作和战术打法风格有了迅速的发展。

为什么说武术是中国的体育项目？

武术是打拳和使用兵器的技术，是中国传统的体育项目。武术又称国术或武艺，是中国传统体育项目。其内容是把踢、打、摔、拿、跌、击、劈、刺等动作按照一定规律组成徒手的和器械的各种攻防格斗功夫、套路和单势练习。武术具有极其广泛的群众基础，是中国人民在长期的社会实践中不断积累和丰富起来的一项宝贵的文化遗产，是中国民族的优秀文化遗产之一。

我们把中国武术分为传统武术和竞技武术。竞技武术是由传统武术演化而来的体育运动，而传统武术则是由古代战争和街头打架所发展出来的徒手和器械格斗术。其内容有踢、打、绊、拿、柔术等。当然，目前流行的竞技武术是一种体育运动，因为国标武术是竞技和表演性质的，本质上接近于体育。传统武术具有极其广泛的群众基础，是中华民族在长期的社会实践中不断积累和丰富起来的一项宝贵的文化遗产。竞技武术则划分为散打和套路，散打又叫散手，是武术的擂台形式，套路则为武术的表演形式。

目前，武术的概念表述为：以技击动作为主要内容，以套路和格斗为运动形式，注重内外兼修的中国传统体育项目。

武术的起源可以追溯到原始社会。那时，人类即已开始用棍棒

等原始工具作武器同野兽进行斗争，一是为了自卫，二是为了猎取生活资料。后来人们为了互相争夺财富，进而制造了更具有杀伤力的武器。如《山海经·大荒北经》就有"蚩尤作兵伐黄帝"的记载。这样，人类通过战斗，不仅制造了兵器，而且逐渐积累了具有一定攻防格斗意义的技能。

在殷商时期，青铜业发展，以车战为主，出现了一些铜制武器，如矛、戈、戟、斧、钺、刀、剑等。同时，也出现了这类武器的用法，如劈、扎、刺、砍等技术。为了提高战斗力，这时已有了比赛的形式。如《礼记·王制》所载"凡执技论力，适四方，裸股肱，决射御"，意即较量武艺高低。

春秋战国时期，铁器出现，步骑兵兴起，为了在步骑战中发挥作用，长柄武器变短，短柄武器（特别是剑身）变长。这样，武器的内容就更加丰富了，武术的技击性进一步突出，同时武术的健身作用也受到重视。这时比试武艺的形式已广泛出现，更加推动了武艺的发展。据《管子·七法》载，当时每年有"春秋角试"。据《庄子·人间世》和《荀子·议兵》所载，当时比试武艺已非常讲究技巧，拳术打法有进攻、防守、反攻、佯攻等。

秦时盛行角抵和手搏，比赛时有裁判，有赛场，有一定的服装。1975年湖北省江陵县凤凰山秦墓出土的一件木篦背面上就彩画了当时一场比赛的盛况：台前有帷幕飘带，台上3个上身赤裸的男子，只穿短裤，腰部系带，足穿翘头鞋，2人在比赛，1人双手前伸作裁判。

汉时，有了剑舞、刀舞、双戟舞、钺舞等。这都说明，汉时的武舞已有明显的技击性，有招法，又多以套路的形式出现。汉时是武术大发展的时期，已形成了多种技术风格的流派。如《汉书·艺文志》收入的"兵技巧"类就有 13 家，共 199 篇，都是论述"习手足，便器械，积机关，以立攻守之胜"的武术专著。

两晋南北朝时期，战乱频繁，官僚贵族或沉于宴乐或追求长生不老之术，其影响也渗透到社会各阶层的生活中。如视剑为具有神秘色彩的法器，甚至以木剑代刀剑；用荒诞无稽的邪说取代练武，致使武艺停滞不前。

隋唐五代时期，随着封建社会经济的发展和繁荣，武术重新兴起。

唐朝开始实行武举制，并用考试办法授予武艺出众者以相应称号，如"猛毅之士"、"矫捷之士"、"技术之士"、"疾足之士"，获得每个称号都有具体标准。如"猛毅之士"要"有引五石之弓，矢贯五扎，戈矛剑戟便于利用……"（《武备志·太白阴经·选士篇》第十六）。这一通过考试选拔人才的制度，促进了社会的练武活动。这时的唐朝，阿拉伯人开始大量定居于中国大地，衍生出了回族，回族武术开始形成。

随着步骑战的发展，在战场上，戈、戟逐渐被淘汰，剑作为军事技术多被刀所代替，但作为套路的演练仍在发展。

宋代出现了民间练武组织，见于记载的有"锦标社"（射弩）、"英略社"（使棒）、"角抵社"（相扑）等。这些社团因陋就简，"自置裹头无刃枪、竹标排、木弓刀、蒿矢等习武技"（《宋史》卷191）。在城市中，据《栋亭十二种都城记胜》所载，在街头巷尾

打场演武，十分热闹。表演的武艺有角抵、使拳、踢腿、使棒、弄棍、舞刀枪、舞剑以及打弹、射弩等，对练叫"打套子"，有"枪对牌"、"剑对牌"等，这时，集体项目也发展较快，例如，《东京梦华录》卷七载："两人出阵对舞如击刺之状……出场凡五七对，或以枪对牌、剑对牌之类。"但对抗性的攻防技术由于受到宋理学家倡导"主静"的影响，都逐渐走向衰微。

元代统治者规定民间"……二十人之上不许聚众围猎"（《元典章》卷三，赈饥贫），连民间私藏武器也属犯罪。武艺多以秘密家传的方式冒着生命危险进行传授。这时的回族武术开始快速发展。

明代是武艺大发展的时期，出现了不同风格的技术流派，拳术、器械都得到了发展，特别是在理论上总结了过去的练武经验，具有代表性的著作有《纪效新书》、《武篇》、《耕馀剩技》等。这些著作不同程度地记载了拳术、器械的流派、沿革、动作名称、特征、运动方法和技术理论等，有的还附有歌诀及动作图解，为后世研究武术提供了重要依据。

清代统治者禁止练武，民间则以"社"、"馆"的秘密结社形式传授武艺，其中著名的拳种，如太极拳、八卦掌、形意拳、八极拳、劈挂拳等，多在清代形成。

民国期间，社会上存在着各种形式的拳社，对传播和发展武术起了积极作用。

中华人民共和国成立后，武术被作为优秀民族遗产加以继承、整理和提高，成立了各级武术协会，国家设有专门机构负责开展武术运动，将武术列入正式比赛项目。1953 年，举行了第 1 届全民族形式体育表演竞赛大会，接着又举行多次全国性武术比赛或表演大会。为了推动武术的普及和提高，国家组织创编了比赛规定套路，编制了群众武术活动所需要的初级套路和简化太极拳等，出版武术书籍和挂图，拍摄武术影片和录像。为探讨武术运动锻炼的价值，还组织有关生理的测定和研究，使其逐步科学化。此外，各体育学院、体育系相继设立武术课和武术专业班，大中小学也把武术列为体育课教学内容，青少年业余体校也建立武术班，各地武术协会设立各种形式的武术辅导站。

射击都有哪些分类？

射击（shooting）是用枪支对准目标打靶的竞技项目。国际比赛有男女个人项目，也有团体项目。使用枪支射击的人叫射手（射击运动员）或叫神枪手，射击运动员的技术叫射击术。

最初枪支用于狩猎和军事目的。现在，射击被当作一种娱乐活动。在 1896 年雅典奥运会射击首次列入现代奥运会；1897 年举行了首届世界射击锦标赛；1907 年世界射击联盟成立。

射击项目在世界上居于领先地位的国家有美国、中国、俄罗斯和德国。射击运动要求（运动员）具有平衡，注意力集中，协调，

心理稳定和时间感觉等多项素质。大家普遍认为，射击运动员的视力一定很好。其实不然，像国内很多优秀选手在视力上都有着这样那样的问题。例如：现中国射击队总教练王义夫，他有很严重的花眼。但是射击成绩是最优秀的，所以比赛的时候戴眼镜就没有问题了。

射击项目的基本类别是步枪（射击）、手枪（射击）、跑靶、抛靶（射击）和双向飞碟（射击）。步枪射击姿势有立势、跪势和卧势。步枪和手枪的标准靶由 10 个靶环构成，排列是从 1 环到 10 环。最外面的靶环为 1 分，靶心为 10 分。

一、手枪（apistol）

1. 男子 50 米手枪慢射

用小口径自选手枪对距离 50 米的靶射击 60 发子弹，包括试射在内的总时限为 2 小时。1896 年被列入奥运会比赛项目。

2. 男子 25 米手枪速射

用小口径速射手枪对距离 25 米的靶射击 60 发子弹，每组 5 发，按 8 秒、6 秒、4 秒的射击时间顺序先各射两组，共 30 发子弹，然后再按相同方法进行第二轮 30 发子弹的射击，在规定时间内射完。两组成绩相加之和为总成绩，以总成绩评定名次。HPS 表示满分。手枪速射项目的满分是 600 分。1896 年被列入奥运会比赛项目。

3. 男子 10 米气手枪

用 4.5 毫米口径气手枪对距离 10 米的靶射击 60 发子弹，分 6 组，每组 10 发，包括试射在内的总时限为 2 小时 45 分。1988 年列入奥运会比赛项目。

4. 女子 25 米运动手枪

又称手枪慢射加速射。用小口径自选手枪对距离 25 米的靶射击 30 发子弹，每组 5 发，共 6 组，每组时限 6 分钟。慢射结束后，用小口径速射手枪对距离 25 米的靶射击 30 发子弹，每组 5 发，共 6 组。慢射、速射成绩之和为总成绩，以总成绩评定名次。1984 年列入奥运会比赛项目。

5. 女子 10 米气手枪

用 4.5 毫米口径气手枪对距离 10 米的靶射击 40 发子弹，每组 10 发，共 4 组，包括试射在内的总时限为 1 小时 15 分。1988 年列入奥运会比赛项目。

二、步枪（rifle）

1924 年法国首次举行女子小口径步枪比赛。1929 年瑞典举行小口径步枪世界锦标赛，采用卧、立两种姿势。1930 年起改为卧、跪、立 3 种姿势。奥运会比赛项目有：

1. 男子 50 米步枪三种姿势

使用小口径步枪按卧、立、跪 3 种姿势的顺序向距离 50 米的靶各射 40 发子弹，包括试射在内的总时限为 3 小时 45 分。1952 年列入奥运会比赛项目。

2. 男子 50 米步枪卧射

用卧姿向距离 50 米的靶射 60 发子弹，包括试射在内的总时限为 1 小时 30 分。1908 年列入奥运会比赛项目。

3. 男子 10 米气步枪

用立姿向距离 10 米的靶射 60 发子弹，包括试射在内的总时限为 1 小时 45 分。1984 年列入奥运会比赛项目。

4. 女子 50 米步枪三种姿势

用小口径标准运动步枪按卧、立、跪 3 种姿势的顺序向距离 50 米的靶各射 20 发子弹，包括试射在内的总时限为 2 小时 15 分。1984 年列入奥运会比赛项目。

5. 女子 10 米课气步枪

用立姿向距离 10 米的靶射 40 发子弹，包括试射在内的总时限为 1 小时 15 分。1984 年列入奥运会比赛项目。

三、移动靶（moving target）

以小口径步枪立姿向距离 10 米的移动靶射击。移动靶多为跑动的猪靶，故又称跑猪靶。早期移动靶安装在滑车上，靠人工带动后的惯性前移，现多为电子操纵。仅设男子项目，1900 年起被列为奥运会比赛项目。在后来的移动靶射击中，由原始跑猪靶逐渐改为和十米气步枪相像的靶纸。移动靶项目在 2008 年北京奥运会上被取消。

四、飞碟（shotgun）

始于 18 世纪末的英国。采用双筒猎枪，最初射击目标为活鸽，后用泥制物代替。现用沥青、石膏等材料混合压制而成的碟状物，故称飞碟。比赛时，抛靶机按固定方向抛靶，射手依次在不同位置射击，以击碎碟靶为命中，命中多者为胜。

为什么柔道起源于中国却在日本盛行？

柔道是一种以摔为主的格斗术。日本素有"柔道之国"的称号。柔道是日本武术中特有的一科，是由柔术演变发展而来的。它具有悠久的历史，从日本战国时期到德川时代（公元15世纪到16世纪），一直把柔道称为柔术或体术。现在所用的柔道这个名词，是由"日本传讲道馆柔道"简化而来的。

柔道是中国拳术的发展，源出少林之门。

在日本东京，古武道研究会曾立一碑，上书："拳法之传流，自明人陈元赟而起。"陈元赟是中国的一位武林高手，是他将中国的传统武术传到扶桑（今日本），成为现代风行世界的柔道之先河。

陈元赟生于明万历十五年（1578年），祖籍杭州，因崇尚武艺，少年时代即在嵩山少林寺习武。经名僧指点，武术渐进，成为一名武林高手。

天启元年，东游扶桑，先后在名古屋、扛户等地传授正宗华夏拳术，并广收徒弟。那时，陈元赟的徒弟中有三浦、福野两君深得少林武术之真谛，自立门户后，遂称为"日本中古柔术之祖"，将中华武术发展成日本的柔术。

1951 年，日、英、法诸国发起创立国际柔道联盟，第一届世界柔道锦标赛于 1956 年在东京举行。1973 年柔道项目正式列入我国竞赛项目。

柔道这项运动，在日本有着十分广泛的群众基础。现在日本每年围绕着全国柔道比赛大会，要举办名目繁多的各种类型的比赛。例如，各地区的中学生（相当于我国的初中生）柔道比赛、高等学校（相当于我国的高中生）的全国比赛、全日大学生优胜赛，以及各种形式的对抗赛等。柔道在日本不仅仅是娱乐性质的体育运动，而且是学校体育的一个教学项目。这就使日本人民从少年时代起就有机会接受系统训练，为提高柔道技艺奠定坚实的基础。因此享有"柔道之国"美誉的日本，在历届奥运会和世界比赛中，几乎每次都获得半数以上的金牌和团体冠军。

为什么拳击被称为"勇敢者的运动"？

拳击，是戴拳击手套进行格斗的运动项目。它既有业余的（也称奥运拳击），也有职业的商业比赛。比赛的目标是要比对方获得更多的分以战胜对方或者将对方打倒而结束比赛。与此同时，比赛者要力图避开对方的打击。拳击被称为"勇敢者的运动"。早在古希腊和罗马时代就有许多有关拳击的生动记载。

一幅公元前 1500 年的希腊壁画中就有戴手套进行拳击的场面。在古代，战士拳击时，由于可以任意使用摔、打、踢、蹬等动作，直至将对手置于死地，所以它只是一种供奴隶主寻欢作乐的残杀游戏。

现代"拳击"运动是运动员双方通过两只拳头的对抗，进行体能、技术和心理的较量。拳击竞技的具体表现形式，是两人在正方形的绳围比赛场地中，戴着特制的柔软手套，按一定的规则和技术要求，进行攻防对抗。攻防的武器只能是戴上特制手套的两只拳头，攻防的目标只限于对方腰髋以上的身体部位。拳击被人们称作"艺术化的搏斗"。

拳击的比赛规则有自己的独特之处。在国际业余拳联（AIBA）自 1997 年开始实行的新规则中，规定业余拳击比赛实行五个回合制，每回合打 2 分钟，回合间休息 1 分钟；职业拳击比赛一般是实行 10 ~ 12 回合制，回合中间休息 1 分钟。业余拳击比赛主要靠技术得分来判定胜负，所用拳击手套大而且厚，比赛时运动员要穿背心、短裤、软底拳鞋、戴护头盔。职业拳击比赛主要靠强烈攻击或将对方击倒判定胜负，被击倒一方如果在 10 秒钟内不能站立起来恢复比赛，就判对方获胜；比赛时职业拳手的手套小而且薄，赤裸上身、头部不戴头盔进行比赛。业余拳击比赛设有 12 个级别，职业拳击比赛设有 17 个级别。

拳击的独特之处还在于人们对拳击运动的不同看法。拳击是人对人的竞技项目，因而比赛时常表现出来打和被打，以及产生的伤

害后果，特别是职业拳击中被打倒不能站起的场面。在许多人的思想上产生极大的异议，使得许多人呼吁取消拳击比赛。

由于拳击需要肌肉的强大爆发力，需要完善的技术和战术，所以，拳击是最复杂的竞技运动之一。比赛时面对瞬息万变的赛场情况，要求运动员能在极短的时间内准确地了解对方的基本状况，同时还要迅速作出相应的判断并采取相应的行动，利用强有力的身体和娴熟的技术、多变的战术进行攻击和防守。不仅对拳击爱好者和拳击运动员的身体素质和心理素质提出了很高的要求，而且，对增强拳击爱好者和拳击运动员的身心健康具有极大的锻炼价值，这是拳击运动具有的最明显、最优秀的特点。

拳击运动已经在社会上引起了极大的影响和起到了轰动作用。现在几乎在全世界都知道泰森口咬霍利菲尔德的事情，这既是拳击事业的耻辱，同时也是拳击在社会上引起社会效应的一个途径。当然，拳击对社会的影响并不只是这些丑事或花絮，最主要的还是拳击本身具有的粗犷与野性的魅力，拳击运动表现着较高的力度美、健康美、技艺美，具有强烈的吸引力和刺激性。

摔跤是如何进行的?

摔跤是体育运动项目之一,两人相抱运用力气和技巧,以摔倒对方为胜。古典式和自由式摔跤技术分为站立时摔倒对方的站立技术和倒在垫子上翻滚角斗的跪撑技术。

一、站立技术

最基本的动作有:滚动倒,即身体落地时团身成一球形,身体的一点着地并滚动;拍地倒,即落地时用手臂拍击地面,以减轻身体落地的震动。两手以推、拉、扭、按、提等动作,来封闭、隔挡对方的握抱和身体的接触,解脱开对方的握抱,并握抱住对方,继之施用进攻技术。两脚以欺、离、抽、撤、闪、空的基本方法灵活移动,转移自己身体重心,保持平衡,促使对方身体重心失去平衡,并以别、挑、缠、踢的技法摔倒对方。在进攻技术中,古典式摔跤常用肩背把对方背起来摔下去。过胸摔是握抱住对方后,用胸腹把对方顶起来,向后摔下去。自由式摔跤中最主要的技术是抱腿摔,它又分为抱单腿摔和抱双腿摔,还可以用腿脚绊住对方的腿脚把对方摔倒,如握背挟颈别,就是握抱住对方的一臂和颈部,用脚别住对方的腿,把对方摔倒。

二、跪撑技术

有两个基本姿势：一是"跪撑"，即两膝分开跪地，两臂伸直向前撑地；二是"桥"，即背朝下，两脚和头着地，身体悬空成反弓形，以避免双肩着地。跪撑技术的关键是如何把对方翻到背朝下，直至压到双肩着地。

三、比赛规则

从 1904 年第 3 届奥运会开始，运动员按体重分级比赛。分为 10 个级，即 48、52、57、62、68、74、82、90、100、130 千克级。从 1920 年开始，规定了每场比赛的时间。每场净摔 5 分钟，如果比赛 5 分钟后，双方得分相等，则延长比赛时间，直至一方得分为止。

四、比赛场地

摔跤比赛的垫子为每边 12 米的正方形，其厚度根据使用材料的密度和弹性而定，一般是 6 ~ 8 厘米。垫子中间 9 米直径的圆圈为比赛区，圆圈外的 1.5 米宽为保护区，圈内沿整个圆周宽 1 米的红色区为消极区，红色区域里边的部分为中央比赛区。

除了比赛外，蒙古族人们酷爱摔跤，摔跤几乎成了蒙古人生活的一部分。

什么是空手道?

空手道亦称空手,是发源于琉球王国(今琉球群岛)的一种手脚并用的武术和武道。

关于空手道的起源众说纷纭。目前最为学术界所认同的一种说法是,空手道的前身是琉球古代的武术琉球手,接受了中国武术的影响,形成唐手;后来又接受了日本武道的影响,成为现代的空手道。

传统空手道以四大流派为主(松涛馆流、刚柔流、和道流、糸东流),以及一些较小的流派(刘卫流、上地流、少林寺流、昭灵流、松林流、小林流、本部御殿手),练习方式强调古法古风,但是由于空手道运动受竞技化影响,四大流派以及刘卫流纷纷投入新型的体育化训练模式中,虽保有传统技术,但也逐渐偏向于保留形式而已,训练方式已经相当现代化;而部分四大流派分支出来的团体也依旧保有传统式的练习风格。

空手道的技术从表现的形式上共分为型(形)和组手两种。型是将空手道技术合理组织、配套练习的一连串动作组合,包括攻击、防御等各种技法,一般用于单人练习。现今的空手道道馆中,型的练习往往是按顺序依次演练,每种型的练习时间为数十秒至数

分钟不等。型的练习熟练后，才开始练习空手道的基本组合术，也就是组手。

传统的空手道是运用拳脚的杀伤力，克敌制胜的一种徒手武术；后来随着全世界技击运动的发展，空手道也分门别派分出多种新兴流派，也融合了各种格斗技的技巧，如今还有保有传统技术风格的传统空手道，以及结合了拳击技术和泰拳技术的全接触空手道，以及结合了摔投寝技的"格斗空手道"。

由于古代唐手是在特定的士族之中秘密传承，不少古代的型业已失传。明治以后，空手家们创立了数种新的型。在古琉球时代，首里手、那霸手和泊手各成一派，其型也各不相同。而在后来空手道传入日本本土的时候，冲绳与日本本土的型也存在着差异。

组手是由两名空手道练习者之间相对的练习形式。包括约束组手、自由组手和组手试合。

空手道的段级位制和色带制是参照柔道创立的。空手道段位制于 1924 年由船越义珍发行，为历史上最早的空手道段位制。与柔道一样，空手道分为黑带和白带。黑带为有段者，白带为入门者。黑带与白带之间（1~3 级），多数流派设有茶带。一些流派当初设有绿、黄、青等色带，今日已一般化。段级位和色带在各个流派中有差异，传统派空手的段位为全日本空手道联盟的公认段位。

什么是自由搏击?

自由搏击,又称国际自由搏击,欧美全接触自由空手道等。20
世纪 60 年代发端于欧美,以美国为主要起源和发展中心,在西方
文化环境影响下,在全球文化、经济等大范围交流碰撞和开放融合
的历史背景中,逐渐孕育并发展壮大起来,是一种没有套路、没有
宗派,强调个性风格,以实战求胜为主旨的西方自由式全接触徒手
攻防搏击术。

自由搏击兼容并蓄了东方中国武术、日本空手道、柔道、剑
道,韩国跆拳道,泰国拳,以及西方拳击和摔跤等武道的精华,是
现代东西方武道文化和技艺的最佳结合产物,是当今世界武坛独树
一帜,高度科学化和艺术化的先进实战武道,体现了人类武道融汇
的成果和结晶。

自由搏击不拘泥于任何固定的套路招式,而是提倡在实战中根
据战况自由发挥,灵活施展拳、脚、肘、膝和摔跤等各种立体技
术,长短兼备,全面施展,以最终击倒或战胜对手为目的。"告诉
我基本原理,我将得出适合我自身的独特的技法。"这就是自由搏
击拳学理念的最佳概括表达。

在此思想指导下,经过数十年的实践和取长补短,自由搏击已

然形成完美的理论和技战术体系以及竞赛规则办法。在国际武坛百舸争流的情况下，以其鲜明的特色和实战功能，在国际武坛上据占了重要的一席。自由搏击技术是简捷的，但也是实效的，它的技术体系在不断地充实和完善，只要是在踢、打、摔、拿的范围中，经实践证明可行就被采用。

由于自由搏击竞赛的商业化、职业化程度高，开放性好，几乎所有国际自由搏击比赛中都采用"无限制自由比赛"的方法，不限制参赛选手的资格进行全接触搏击比赛。因此，自由搏击赛事往往异常紧张和激烈，非常吸引拳迷和观众，对自由搏击选手的技战术水平、战斗意志、体能、抗击力等整体搏击能力提出了更高更全面的要求。而且，自由搏击打破宗派界限，凡承认其竞赛规则的团体或个人，均可参加自由搏击比赛，这在客观上为世界各种流派武术的交流以及自由搏击技术体系的检验和完善提供了条件。因此，自由搏击赛制被国际武坛视为武道搏击的终极模式，并看作是真实体验武道优劣和选手真正实力的唯一公平方式，这样自由搏击竞赛规则就成了国际武道竞技的流行和公认标准。

自由搏击没有具体规则可言，不限制参赛选手的资格，在规则上与泰式比赛规则类似，比赛双方均赤裸上身（或着短袖衫、背心），下穿长裤，手戴拳套，脚穿护具（或不穿），进行全接触搏击比赛。

老北京的马术比赛与现代马术
是如何发展起源的?

    远在元代,在大都城里就有了赛马活动。那是蒙古人定都北京以后,便把他们最喜爱的跑马比赛带到了北京,并逐渐在京城盛行。当时朝廷还将这种活动和兵役制结合起来,成为一种制度,特别是遇有大型集会时无不将赛马骑射作为活动内容。

    到了明代,北京地区每到春季都要进行走马和骑射活动。进入清代以后,赛马活动更是盛行。因为满族也是非常善于骑射的民族,尤其是乾隆年间,在北京修建了很多赛马场,并在各种民俗节日里举行赛马活动,上自王公贵族下至一般的旗兵都热衷于这种活动。所以这项活动在皇室的提倡下,渐渐推展至民间,一直持续到民国初期。

    老北京的赛马场多分布于外城内和城门外,举办的时间各不相同,一般是从农历正月到9月。其中正月的赛马多在白云观西面和安定门、德胜门外;二月在天坛东侧的太阳宫;三月在东便门内蟠桃宫西南侧;四月在西直门外的万寿寺西面;五月在永定门南面;六月在先农坛东墙外;七月在黄寺北面;八月在广安门外南侧;九月在钓鱼台附近。进入十月以后因天气转凉,赛马活动便停止了。

参加赛马的有各种人物，马匹都是自备。参赛的人可相互约定会面比赛时间，人数可多可少，没有规定。平时也可随时来练习跑马，互相观摩骑术和马技。

老北京的赛马方式多种多样，但与西方的马术比赛有一定的区别。西方的赛马活动只讲究速度，"以速度为上选"，评判胜负只以速度快慢为标准。而老北京传统的赛马活动则注重马的步伐，一般有走马、跑马、颠马三种。走马是看马跑时马步的稳健、美观；跑马是比赛速度和耐力。颠马是在比赛时马的颠簸姿势要优美，花样多。比赛时多以鸣枪为号，众骑士精神抖擞，扬鞭催马，只见一匹匹赛马连跑带颠，时而高跳，时而摇摆，奔腾向前。围观者无不高声喝彩，兴奋、紧张、激动之情，溢于言表。

清末时北京出现了一种叫"赛马会"的活动。它不是我国传统的赛马，而是所谓西式的赛马（即马术比赛）。大约在清宣统末年（1911年），顺天府划给北京西绅俱乐部一块约二百多亩的土地，大概位置在如今的西便门外莲花池附近，当时这一带还很荒凉。赛马场建成后，这里逐渐热闹起来，每有赛马比赛，经常是人来人往。赛马场内设有看台、票房、彩房、马圈和赛手休息室等。每逢比赛之日，京城各界爱好者（包括一些在京的外国人）纷纷前往，马场内外，万头攒动。每一售票及发彩票窗口，均分别标明骑士和赛马的号码，光顾者既可专购一种赛马票，也可兼购多种赛马票。而富商大贾或酷爱此道者，多破费巨资，成批购得一种或多种票，以求获得重彩。这种"赛马会"活动断断续续地一直到民国后期，以后便日渐衰退，那些曾人声鼎沸的赛马场也消失了。

现代马术运动始于欧洲。古代为了做到战车所用的马匹在战场上移动准确性和精确，常对马匹进行各种技巧和协调性的训练，后来就发展成为马术比赛。1734 年美国弗吉尼亚州成立查尔列斯顿马术俱乐部，这是世界最早的马术俱乐部。1953 年首次举办世界场地障碍马术锦标赛，1966 年起举办花样骑术锦标赛。

马术比赛 1900 年首次列入奥运会项目，当时只设障碍赛一个项目。1912 年，马术比赛扩大为盛装舞步赛、障碍赛和三日赛三项。从 1952 年起，女骑师被允许参加奥运会的马术比赛，马术也成为奥运会中唯一一个男女同场竞技的比赛项目。作为一个团队，马匹和选手将共同获得奖牌和名次。2008 年奥运会马术比赛在我国香港举行。

马术比赛需要骑师和马匹配合默契，考验马匹技巧、速度、耐

力和跨越障碍的能力。

奥运会的马术比赛分为盛装舞步赛、障碍赛和三日赛三项，每项均设团体和个人金牌，共产生 6 枚金牌。2000 年花样骑术团体项目 10 个队参加，每队 4 名运动员。1998 年世界锦标赛的前八名、欧洲锦标赛冠军获得参赛资格，东道国澳大利亚队自动获得参赛资格，每个协会限报 1 个队；个人项目 50 名运动员参加，除去团体项目中的 40 名运动员外，其余 10 名运动员根据世界排名确定，每个协会最多两名运动员。障碍赛团体项目 16 个队参加，每队每个项目 4 名运动员。1998 年世界锦标赛的前六名、1999 年欧洲冠军、非洲锦标赛冠军获得参赛资格，东道国澳大利亚队自动获得参赛资格，每个协会限报 1 个队；个人项目 15 名运动员参加，团体项目的运动员也可以参加个人项目的比赛，每个协会最多两名运动员。三个赛团体 15 个队参加，通过世界锦标赛、泛美锦标赛、欧洲锦标赛以及其他地区奥运会预选赛选出，东道国澳大利亚队自动获得参赛资格；个人项目 36 名运动员参加，通过世界锦标赛、5 个洲际锦标赛，或奥运会预选赛，或国际马术联合会公布的世界排名，确定运动员参赛资格。

怎样选择跆拳道馆？

跆拳道是一门韩国格斗术，以其腾空、旋踢脚法而闻名。跆拳道这个名称来源于韩语的"跆"（指用脚踢打），"拳"（指用拳击打），"道"（指格斗的艺术和一种原理）。跆拳道是由中国武术流传演化而来的朝鲜/韩国民间较普遍流行的一项技击术，是一项运用手脚技术进行格斗的民族传统的体育项目。它由品势（特尔）、搏击、功力检验三部分内容组成。跆拳道是创新与发展起来的一门独特武术，具有较高的防身自卫及强壮体魄的实用价值。它通过竞赛、品势和功力检测等运动形式，使练习者增强体质，掌握技术，并培养坚韧不拔的意志品质。

现时跆拳道在全世界的组织主要分为两个体系，分别为：国际跆拳道联盟（International Taekwondo Federation，ITF）体系及世界跆拳道联盟（World Taekwondo Federation，WTF）体系。ITF 体系成立的时间比较早，而 WTF 体系成立时间则比较晚。而现时奥运会采用的是 WTF 体系。

跆拳道以腿为主，以手为辅，主要在于腿法的运用。跆拳道持术方法中占主导地位的是腿法，腿法技术在整体运用中约占 3/4，因为腿的长度和力量是人体最长最大的，其次才是手。腿的技法有

很多种形式，可高可低、可近可远、可左可右、可直可屈、可转可旋，威胁力极大，是实用制敌的有效方法。

至今，跆拳道已成为世界上最普及的武道。国际跆拳道联盟作为不依赖任何政府的独立的民间组织，在崔泓熙总裁和世界各国的广大跆拳道爱好者的不断努力下，已发展成具有一百四十多个会员国的国际组织。

为什么古老的相扑在日本那么流行？

相扑是一种类似摔跤的体育活动，秦汉时期叫角抵，南北朝到南宋时期叫相扑。大约在唐朝时传入日本，现为流行于日本的一种摔跤运动。

日本《相扑之始》一书说，日本的相扑最早出现于公元前 23 年。日本体育百科全书记载："日本的相扑与中国的角抵和拳法有相互关系。"日本历史考古学家池内宏和梅原末治合著的《通沟》一书也说，日本的相扑同中国吉林省辑安县出土的 3~5 世纪古墓壁上的角抵图极相象；同中国唐宋时代的相扑比赛形式和规则也近似。从 17 世纪起，日本各地兴起职业性相扑，称为"大相扑"；18 世纪开始形成现代的相扑；到 20 世纪初期，相扑作为日本的"国技"广泛开展起来。至今日本的相扑比赛每年都要举行 6 次，分为一月场、三月场、五月场、七月场、九月场和十一月场，成为群众最喜爱的运动项目之一。下面介绍的是当前日本流行的相扑的技术要求、比赛规则等。

相扑运动员不仅要有气力，而且还要有熟练的技巧，技巧是决定比赛胜负的关键。技术大致分为推、摔、捉、拉、闪、按、绊等。运动员主要用颈、肩、手、臂、胸、腹、腰、膝、腿、脚等部位，灵活运用各种技术相互进攻。运动员（日本称为力士）按运动成绩分为 10 级：序之口、序二段、三段、幕下、十两、前头、小结、关胁、大关及横纲。横纲是运动员的最高级称号，也是终身荣誉称号。十两以上 6 级运动员的发型和腰带的质量与幕下以下 4 级不同。十两以上 6 级运动员比赛时，有入场式，穿化妆围裙。相扑裁判员（日本称为行司），按年限也分为 10 级。相扑裁判的等级叫做"格"，"横纲格"是裁判员的最高级称号。他们的等级用指挥扇上的缨带颜色为标志。裁判用于指挥的扇子称为"军配"，扇子指向的一方为胜者。

相扑来源于日本神道教的宗教仪式。人们在神殿为丰收之神举行比赛，盼望能带来好的收成。在奈良和平安时期，相扑是一种宫廷观赏运动，而到了镰仓战国时期，相扑成为武士训练的一部分。18 世纪兴起了职业相扑运动，它与现在的相扑比赛极为相似。神道仪式强调相扑运动，比赛前的踩脚仪式（四顾）的目的是将场地中的恶鬼驱走，同时还起到放松肌肉的作用。场地上还要撒盐以达到净化的目的，因为神道教义认为盐能驱赶鬼魅。相扑比赛在台子上进行。整个台子为正方形，中部为圆圈，其直径为 4.55 米。比

赛时，两位力士束发梳髻，下身系一条兜带，近乎赤身裸体上台比赛。比赛中，力士除脚掌外任何部分不得触及台子表面，同时也不得超出圆圈。比赛在一两分钟甚至几秒钟内便能决出胜负。相扑的裁判共由6人组成。主裁判由手持折扇"行司"登台担任，其余5人分别在正面、东面、西面及裁判席上。大力士的最高等级是"横纲"。下面是大关、关胁、小结、前颈，这四个等级被称为"幕内"，属于力士中的上层。再次是十两、幕下，除此之外还有更低级的三段、序二段。最低一级叫序口。

射箭是如何发展起来的？

射箭即箭术（archery），助弓的弹力将箭射出，是指在一定的距离内比赛准确性的体育运动项目。射箭是用弓把箭射出并射中预定目标，打在靶上的技艺。射箭比赛的胜负是以运动员射中箭靶目标的环数计算的，命中靶的箭越靠近中心，所得环数越高。射箭运动员准备发射时，用执弓手握住弓，并伸直执弓臂，再用拉弦手向后拉弓弦，直到满弓点，注视瞄准具然后撒放。

远在1万年前的中石器时代，人类就发明了弓箭来狩猎捕鱼。以后很长时间，弓箭又是用于战争的武器之一，现弓箭作为人们喜欢的体育运动项目被存在下来。

现代射箭运动最早出现在英国，英格兰约克郡自1673年起举行的方斯科顿银箭赛，延续至今。

1787 年英国成立皇家射箭协会，成为世界上最早的射箭组织。

18 世纪初，射箭传入美国，1828 年成立费城射箭联合会。

1844 年举办第 1 届全英射箭锦标赛。

1861 年英国射箭协会成立，统一竞赛规程。

1879 年成立全美射箭协会，同年在芝加哥举行第 1 届全美射箭比赛。

1931 年，以英国和法国为主，成立了国际射箭联合会，同年在波兰的里沃夫举行了第 1 届世界锦标赛。在世界射箭运动中占优势的国家有美国、俄国、韩国。射箭运动要求有平衡，注意力集中，协调和时间感觉等素质和能力。

射箭运动在中国有着悠久的历史，考古发现，早在旧石器时代晚期我国就发明了弓箭，但是现代射箭运动却开展较晚。新中国成立前，射箭作为武术项目中的表演项目；新中国成立后，1955 年以前射箭仍然为表演项目，1956 年开始列为比赛项目，1959 年才开始按照国际规则举办比赛。射箭运动先后在中国 25 个省、自治区、直辖市开展起来，出现了许多优级秀的运动员。

中国射箭运动也很普及，特别是少数民族地区开展较好，每年少数民族的节日都举办民族形式的射箭比赛。如青海省藏族举办射远比赛、拉弓比赛、射准比赛。内蒙古的"那达幕"大会进行传统的骑马射箭、射准比赛。四川省的地区、市基本上都建立了射箭业余体校，目前成立了十六个队，成为中国从事射箭运动最多的省，他们向全国输送运动员近百人。

为什么花样滑冰又叫"冰上舞蹈"?

　　花样滑冰起源于 18 世纪的英国,后相继在德国、美国、加拿大等欧美国家迅速开展。1772 年英国皇家炮兵中尉约翰逊撰写的《论滑冰》在伦敦出版,这是世界上出版的第一部涉及到花样滑冰的书籍。1863 年美国芭蕾舞表演艺术家海因斯将滑冰运动与舞蹈艺术融为一体,在欧洲巡回表演,丰富了花样滑冰的内容和形式。1868 年美国的丹尼尔·梅伊和乔治·梅伊首次表演双人滑,这是世界上有记载的最早的花样滑冰表演。1872 年奥地利首次举办花样滑冰比赛。1896 年在俄国彼得堡举行首次世界男子单人花样滑冰锦标赛,1906 年在瑞士达沃斯举行首届世界女子单人花样滑冰锦标赛,1952 年在法国巴黎举行第一次世界冰上舞蹈锦标赛。花样滑冰的冰场长 56~61 米,宽 26~30 米,冰的厚度不少于 3~5 厘米。1924 年被列为首届冬奥会比赛项目。有男、女单人滑(1924 年列入),男女双人滑(1924 年列入)和冰上舞蹈(1976 年列入)4 个比赛项目。每个国家和地区每项限报 3 人(队)。

　　花样滑冰技术的发展和进步,是与冰刀的逐步改进紧密相关的。世界上最早发现的冰刀是用兽骨制成的;到了 16 世纪后改用木制冰刀,便于造型,以后又改用木和铁合制,最后发展为全金属

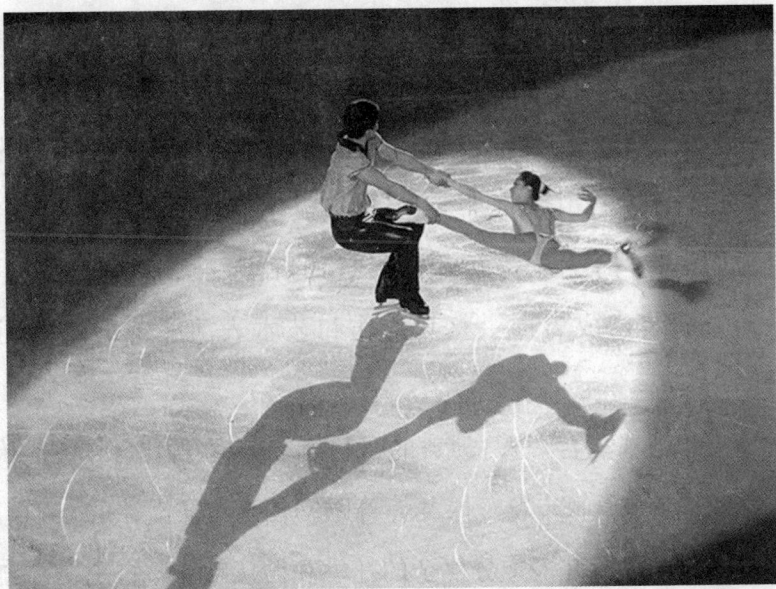

或塑料与金属合制的冰刀。冰刀的式样也在不断改进，由刃比较平直无刀齿，逐步演变为今天的刀刃有一定弧度，刀前部有刀齿，且不同项目冰刀式样、弧度和刀齿也不同的现代冰刀。

花样滑冰服装也有一个逐步改进的历史。20 世纪初，花样滑冰还是一个冬季室外冰上项目，为抵御寒冷的天气，服装比较笨重，女选手穿紧身带扣的上衣，长裙直达脚面；男选手头戴高筒式礼帽，身穿长燕尾服和长西装裤。到了 20 年代，10 次世界冠军和 3 次冬奥会冠军获得者索尼娅·海妮对女子服装进行了一次大胆的改革，将裙子提高到膝部。这一惊人的创举，为女子单人滑技术的进步创造了有利的条件。

与此同时，男士服装也有了改进，齐腰的短西服上衣、芭蕾紧身裤，滑起来方便多了。40 年代后，女选手的裙子一次又一次变

短，并出现了上衣与裙子一体化的短连衣裙。为了表演的需要，在服装上加了装饰物，如毛边、亮片、珠子等。第二次世界大战后，女选手开始穿白色或肉色冰鞋。在服装设计制作方面大下工夫。由于近代工业的发展，弹性较大和质地柔软的氨纶等多种面料的出现，更适合于花样滑冰的训练和比赛。选手在颜色的选择、配合和设计方面都有利于音乐特点和舞蹈风格的表达，大大提高了艺术表演效果。服装已成为选手整套动作和艺术表演完美的重要组成部分。

冰上舞蹈基本上是舞厅跳舞的"移植"。男女舞伴合作完成传统舞蹈，如华尔兹、狐步舞、探戈等舞蹈动作。花样滑冰的双人滑动作丰富多彩，包括许多十分复杂的托举和抛接动作，特别是在自由滑中，有更多独特和创造性的表演。在单人比赛中，有许多机会表现出各种高难度动作，即各种旋转、各种跳跃转体和燕式平衡动作。

滑冰运动在世界上居领先地位的国家有美国、加拿大和俄罗斯。滑冰运动要求运动员具有力量、耐力、速度、协调、柔韧、灵活、平衡、优美、稳定等素质。

滑雪是怎样分类的？

　　早在几千年前，当人们的生产条件还很落后的时候，人类为了在恶劣的自然环境中生存，发明了可以代替行走的滑雪板，它的应用使得人们可以在浩瀚的森林中任意驰骋追寻猎物。滑雪运动起源并发展于斯堪的纳维亚国家（北欧大半岛，包括挪威和瑞典两个国家。长约 1850 千米。北起巴伦支海，东濒波罗的海，南临卡特加特海峡和斯卡格拉克湾，西傍挪威海和北海。面积 750000 平方千米。主要为块状山构成，为古波罗的地盾的一部分。欧洲最大的半岛，世界第五大半岛。在巴伦支海、挪威海、北海和波罗的海之间，东北部与大陆相连，其间没有明显的自然界线。人口约一千二百余万）。回转也是一个挪威词，意思是在倾斜的路面上滑行。国际滑雪联合会成立于 1924 年。北欧滑雪项目列入了 1924 年在法国沙莫尼举行的第一届冬季奥运会。在世界滑雪运动中居领先地位的国家有斯堪的纳维亚各国，如挪威、瑞典、芬兰，还有西欧的阿尔卑斯山脉周围的国家，法国、意大利、奥地利、德国和瑞典，以及美国、俄罗斯等，一般说来，斯堪的纳维亚国家在北欧滑雪项目上占优势，阿尔卑斯山脉国家在高山滑雪项目上占优势。

　　一般来说，滑雪运动从历史沿革角度可划分为古代滑雪、近代

滑雪、现代滑雪；从滑行的条件和参与的目的可分为实用类滑雪、竞技类滑雪和旅游类（娱乐、健身）滑雪。实用类滑雪用于林业、边防、狩猎、交通等领域，现已多被机械设备所替代，逐渐失去昔日的应用价值。竞技类滑雪是将滑雪升华为在特定的环境条件下，运用比赛的的功能，达到竞赛的目的，旅游类滑雪是适应现代人们生活、文化需求而发展起来的大众性滑雪。

以上三类滑雪运动，从其所要求的器材、场地、设备及运动技术的形式来看，要达到的目的虽基本雷同，但作用和其他一些方面还是有很大差异的。下面重点谈谈竞技类滑雪和旅游类滑雪的特色。

滑雪运动（特别是现代竞技滑雪）发展到当今，项目不断在增多，领域不断在扩展，目前世界比赛正规的大项目分为：高山滑雪、北欧滑雪（越野滑雪、跳台滑雪）、自由式滑雪、冬季两项滑雪、雪上滑板滑雪等。每大项又分众多小项，全国比赛、冬奥会中几十枚耀眼的金牌激励人们去拼搏、去分享。纯竞技滑雪具有鲜明的竞争性、专项性，相关条件要求严格，非一般人所能具备和适应。旅游滑雪是出于娱乐、健身的目的，受人为因素制约程度很小，男女老幼均可在雪场上轻松、愉快地滑行，饱享滑雪运动的无穷乐趣。由于高山滑雪具有惊险、优美、自如、动感强、魅力大、可参与面广的特点，故高山滑雪被人们视为滑雪运动的精华和象征，更是旅游滑雪的首选和主体项目。通常情况下，评估人们滑雪技术水平的高低，多以高山滑雪为尺度。

近期出现的旅游滑雪项目还有单板滑雪、超短板滑雪、越野滑雪等。其中越野滑雪是在低山丘岭地带（平地、下坡、上坡各约占1/3）长距离滑行，虽然远不如高山滑雪的乐趣和魅力，但从安全和健身角度而言，更具有广泛的参与性。超短板滑雪、单板滑雪（双脚同踏一只宽大的雪板）比高山滑雪更具有刺激性，技术更灵活，在中国尚未普遍开展。

高山滑雪的规范竞赛项目有滑降、超级大回转、大回转、回转、全能等。高山滑雪的技术种类很多，如不同的滑降技术，多变的转弯技术，应急的加速、减速、停止技术，惊险的跳跃技术及特殊技术等。一般初学者应根据自身的体育素质、年龄、滑雪基础、场地条件，可投入的时间等因素，选取滑雪入门的最优方案。初学者切忌：求急、随意、莽撞，因滑雪运动是在滑动中操纵技术，重心不易控制，易形成错误动作。故在入门的第一天起，就应在专业技术人员严格指导下，在姿势、要领、动作方面做到三正确，从练

习基本动作起步，扎实掌握技术功底，为以后的提高奠定基础。要高度认识到滑雪错误的姿势和技术一旦形成，极难纠正，会留下深深的遗憾。

什么是拔河？

拔河始于距今 2400 年前春秋时期的楚国。楚国地处大江南北，水道纵横，除陆军外，还有一支强大的水军舟师，并曾发明一种称之为"钩拒"的兵器，专门用于水上作战。当敌人败退时，军士以钩拒将敌船钩住，使劲往后拉，使之逃脱不了。后来钩拒从军中流传至民间，演变为拔河比赛。

古代参加拔河的人数比现在的多得多。大绳正中插一根大旗，旗的两边划两条竖线，称为河界线。比赛时，以河界线为胜负标志，所以改称"钩拒之戏"为"拔河"。一声令下，河界两边选手紧挽绳索，"使相牵引"，围观者"震鼓叫噪，为之鼓劲"。

早期的奥林匹克运动会比赛项目的设置任意性比较大，没有严格的标准，特别是与主办者的兴趣有关。在这些变化中，尤以中小项目的变动多，比如田径比赛中的立定跳高、立定跳远和拔河。这些比赛项目或因为主办方的兴趣变化或因为分级标准和运动器材变化而被撤销或取代。拔河就是这样一个昙花一现的项目。在早期奥运会中，拔河被归入田径范畴，虽然理由十分牵强，但许多奥运史家仍然一直把这一项目附属在田径项目上。拔河这一短命的项目在奥运史上，自1900年起连续举行过五次，1920年的安特卫普奥运会是最后一次。在奥运历史上获得拔河项目冠军的队伍是：1900年丹麦瑞典联队、1904年美国队、1908年英国队、1912年瑞典队和1920年英国队。

现代拔河运动的特色是参与的双方体重同等级，透过拔河绳的互拉以进行对抗的比赛。胜负的判定端看哪一队先将对方拉向该队，且使拔河绳上的标志点超过所订定的界线。因此拔河教练及选手所关心的是如何透过训练及姿势上的改变和靠绳位置的变化得以产生较佳及持续的水平拉力，使足够将对手拉向我方场地而获得胜利。

于现代室内拔河比赛中，选手穿著利于比赛的专用拔河鞋，其最主要的著眼点是专用拔河鞋具有较高的摩擦系数，在相同的垂直作用立下，可产生较大的摩擦力，如此较有利于姿势的稳定与平衡；一支训练有素的一流队伍对拔河鞋底及拔河道表面的洁净都非常注意，其原因在于两者表面的不洁是造成摩擦系数减损的主要原因之一。重心至足部支点与地面的夹角愈小，所获得的水平分力最大，但垂直分力也愈小，若垂直分力所造成的摩擦力小于对方之拉力时，将产生不利的滑动现象。如重心至足部之点与地面的夹角角度较大时，回复力矩小于倾倒力矩，虽不易滑动，但因回复力矩的减小容易发生体轴向前倾倒的现象，这对比赛亦是不利的。

经由研究数据发现，若有两位各能产生80公斤重水平拉力的

选手，以串联的方式测量其总拉力，所得之合力值要小于两位选手之水平拉力的和160公斤重，其原因在于两人以串联方式来拉的情况下，合力会有所消耗，这种现象在多人的情况下更明显。因此教练在安排选手位置及选手施力方向的指导需要注意到合力的因素。施力需施在有利的方向上及时间点上，方能对我方有利，否则纵使具备有极大的肌力，若不能在相同的时间脉动时配合施以有效的水平方向上的力，也是不具意义的，甚至要再产生一力来平衡此多余的力。因此参赛的八位选手若在产生作用力的时间上能够一致，在单位时间内便可产生较大的冲量给予对方较大的破坏性。

拔河比赛是第2届法国巴黎奥运会上开始设置的，其组织者设置这一项目的动机是为当时的巴黎博览会增加一个娱乐项目而已。拔河比赛一出现在奥运会上，就被不恰当地放在田径比赛中。同时，由于规则不完善，造成在比赛中出现许多争执和问题，最后国际奥委会只得被迫取消了拔河比赛。

目前拔河是世界运动会的正式竞赛项目之一，并采用世界正式拔河比赛制度。国际拔河协会每半年举办由各国国家队参加的世界锦标赛，分为室内及室外举行。协会还同样举办由俱乐部队参加的类似的比赛。

水上与车类
运动篇

体育运动

游泳对我们有何好处？

　　游泳运动是男女老幼都喜欢的体育项目之一。古代游泳，根据现有史料的考证，国内外较一致的看法是产生于居住在江、河、湖、海一带的古代人。他们为了生存，必然要在水中捕捉水鸟和鱼类作食物，通过观察和模仿鱼类、青蛙等动物在水中游动的动作，逐渐学会了游泳。

　　我国历史悠久，水域辽阔。记载中游泳，始于 5000 年前。但游泳作为一个体育项目得以发展还是近几十年的事。

　　现代游泳运动起源于英国。17 世纪 60 年代，英国不少地区的游泳活动就开展得相当活跃。18 世纪初传到法国，继而成为风靡欧洲的运动。1828 年，英国在利物浦乔治码头修造了第一个室内游泳池，这种游泳池到 19 世纪 30 年代，在英国各大市城相继出现。1837 年，在英国伦敦成立了第一个游泳组织，同时举办了英国最早

的游泳比赛。1869 年 1 月，在伦敦成立了大城市游泳俱乐部联合会（现英国业余游泳协会前身），并把游泳作为一个专门的运动项目正式固定下来，并随之传入各英殖民地，继而传遍全世界。随着游泳运动的发展，游泳被分为实用游泳和竞技游泳两大类。实用游泳又分为侧泳、潜泳、反蛙泳、踩水、救护、武装泅渡；竞技游泳分为蛙泳、爬泳、仰泳、蝶泳。

竞技游泳，从第一届奥运会（1896 年）就列入了奥运会比赛正式项目。发展到现在，各种锦标赛、国际大型比赛不断推动着竞技游泳的发展，使它的技术动作更完善，创造了一个又一个优异的成绩。

历史与发展自古至今，无论是为了捕猎、逃避猛兽或是遇上海难时得以自救，游泳都是一门重要的求生技能之一。远在公元前 2500 年，古埃及已有类似捷泳的活动。古罗马人兴建的巨大浴池，更是上流社会人士作为余暇游泳及社交活动的场所。早期的游泳活动，只被视为贵族子女教育及士兵训练的一个重要部分，直至 18 世纪末期，工人阶级参与游泳的时间及机会增多后，游泳才开始成为一种普及的活动。

竞技游泳源于英国及澳洲，后来传入其他国家，19 世纪中期至 20 世纪初，世界各国的游泳比赛开始普遍起来，游泳总会亦相继成立。英国业余游泳总会（前身为都会游泳总会）于 1869 年成立，是第一个成立的国家游泳总会。在 1850 年至 1860 年间，英国与澳洲已有国际游泳比赛。当国际奥林匹克运动委员会于 1894 年 6

月 16 日在巴黎成立时，游泳已被列为 1894 年的奥运项目之一。至于国际业余游泳联会（FINA），则成立于 1908 年。

游泳不仅同许多体育项目一样，对多种慢性疾病有一定的治疗作用，而且还有其独特的治疗价值，其主要原因有以下几点：

游泳具有疗效

游泳是在阳光、空气、冷水三浴兼并的良好的自然环境中进行的体育运动项目，从而集中了阳光浴、空气浴和冷水浴对人的所有疗效。

游泳锻炼是一种全身性的锻炼

游泳对疾病的治疗也是一种综合性、全身性的治疗。通过游泳锻炼，可增强人体神经系统的功能，改善血液循环，提高对营养物质的消化和吸收。从而能增强体质，增强对疾病的抵抗力，并获得良好的治疗效果。

游泳锻炼能增强人体各器官、系统的功能

慢性病人通过游泳锻炼，可增强发育不健全的器官、系统的功能；使已衰弱的器官、系统的功能得到恢复和增强，从而使疾病得到治疗。

游泳锻炼可陶冶情操、磨炼意志

游泳可以培养人同大自然搏斗的拼搏精神，又能使病人建立起战胜疾病的信心，克服对疾病畏惧烦恼的消极心理，因而十分有利于健康的恢复和疾病的治疗。

游泳锻炼可以增强心肌功能

人在水中运动时，各器官都参与其中，耗能多，血液循环也随之加快，以供给运动器官更多的营养物质。血液速度的加快，会增加心脏的负荷，使其跳动频率加快，收缩强而有力。所以，游泳可以锻炼出一颗强而有力的心脏。

增强抵抗力

游泳池的水温常为 26℃～28℃，在水中浸泡散热快，耗能大。为尽快补充身体散发的热量，以供冷热平衡的需要，神经系统便快速做出反应，使人体新陈代谢加快，增强人体对外界的适应能力，抵御寒冷。经常参加冬泳的人，由于体温调节功能改善，就不容易伤风感冒，还能提高人体内分泌功能，使脑垂体功能增加，从而提高对疾病的抵抗力和免疫力。

减肥

游泳时身体直接浸泡在水中，水不仅阻力大，而且导热性能也非常好，散热速度快，因而消耗热量多。就好比一个刚煮熟的鸡蛋，在空气中的冷却速度，远远不如在冷水中快。实验证明：人在标准游泳池中跑步 20 分钟所消耗的热量，相当于同样速度在陆地上的 1 小时；在 14℃ 的水中停留 1 分钟所消耗的热量高达 100 千卡，相当于在同温度空气中 1 小时所散发的热量。由此可见，在水中运动，会使许多想减肥的人，取得事半功倍的效果。所以，游泳是保持身材最有效的运动之一。

加强肺部功能

呼吸主要靠肺，肺功能的强弱由呼吸肌功能的强弱来决定，运动是改善和提高肺活量的有效手段之一。游泳不但促使人呼吸肌发达，胸围增大，肺活量增加，而且吸气时肺泡开放更多，换气顺畅，对健康极为有利。

护肤

人在游泳时，水对肌肤、汗腺、脂肪腺的冲刷，起到了很好的按摩作用，促进了血液循环，使皮肤光滑有弹性。此外，在水中运动时，大大减少了汗液中盐分对皮肤的刺激。

蛙泳到底起源于哪里？

蛙泳是一种模仿青蛙游泳动作的一种游泳姿势，也是一种最古老的泳姿。蛙泳时，游泳者可以方便观察前方是否有障碍物，避免撞上障碍物。18 世纪中期，在欧洲，蛙泳被称为"青蛙泳"。由于蛙泳的速度比较慢，在 20 世纪初期的自由泳比赛中（不规定姿势的自由游泳），蛙泳不如其他姿势快，使得蛙泳技术受到排挤。随后国际泳联规定了泳姿，蛙泳技术才得以发展。蛙泳是竞技游泳姿式之一。人体俯卧水面，两臂在胸前对称直臂侧下屈划水，两腿对称屈伸蹬夹水，似青蛙游水。蛙泳较省力，易持久，实用价值大，常用于渔猎、泅渡、救护、水上搬运等。比赛项目有男女 100 米、

200 米等。

　　蛙泳的起源，说法不一。相传在古埃及和罗马帝国时，它是猎人潜入水中捕捉水鸟的游动方法之一。18 世纪末，在欧洲军事学校中已设有专门教授蛙泳的课程。1875 年 8 月，第一个被公认的英吉利海峡的征服者，便是用蛙泳横渡的。

　　1875 年 8 月 24 日著名游泳运动员 M. 韦布采用蛙泳姿势横渡英吉利海峡，历时 21 小时 45 分。19 世纪初蛙泳是第一种在游泳比赛中被采用的姿式。但由于蛙泳速度慢，在比赛中相继又出现了侧泳、爬泳，采用蛙泳的人越来越少。直到 1904 年第 3 届奥运会时才把蛙泳与其他姿式分开。1924 ~ 1936 年期间，蛙泳最大的革新是划水动作结束后两臂不再从水中前移，改为由空中移臂但仍采用蛙泳蹬夹腿的动作，出现了蛙泳的变形——蝶泳。

仰泳经历了哪些技术革命？

　　仰泳是人体仰卧在水中进行游泳的一种姿势。

　　仰泳技术的产生和发展有较长的历史，1794 年就有了关于仰泳技术的记载，但是直到 19 世纪初，游仰泳时仍采用两臂同时向后划水，两腿做蛙泳的蹬水动作，即现在的"反蛙泳"。自 1902 年出现爬泳技术后，由于爬泳技术合理和速度快，就开始有人采用类似爬泳的两臂轮流向后划水的游法。但是直到 1921 年才初步形成了现在的仰泳技术。

仰泳技术由于头部露出水面，呼吸方便；躺在水面上，比较省力。因此深受中老年人和体质较弱者喜爱。

仰泳——游泳项目之一，1900 年第 2 届奥运会开始列为正式比赛项目，仰泳包括反蛙泳和爬式仰泳。反蛙泳是最早出现的一种仰泳，动作近似蛙泳，而身体姿势相反。即人体仰卧水面，两臂从头后经体侧向后划水。最初几届奥运会上的仰泳比赛都是采用反蛙泳姿势。1912 年第 5 届奥运会上，美国运动员 H·赫伯纳采用两臂轮流划水、两腿上下打水的仰泳技术，以 1′21″2 的成绩获 100 米仰泳冠军，显示了爬式仰泳技术的优越性，而反蛙泳逐渐失去在竞赛中的意义。

从仰泳产生后，一共经历了以下几种技术革命：

打水频率

我们知道爬泳的打水频率有 2、4、6 次，那么海豚式仰泳也应与之相似，但最常见的是 2 次，即每划水一次打水一次。像蝶泳一样，一开始有较 2 次更高的打水频率，但事实证明每划水一次打水 2 次最有效。运动员在出发和转身时可以采用较高的打水频率，但进入划水阶段时要采用 2 次打水频率的节奏。

打水时机

最有效的打水时机是在手进入抱水阶段。划水的节奏决定打水

的时机，在划水阶段的低推进部分时采用打水阶段的高推进部分是符合逻辑的。即在一只手入水几厘米深时，另一只手已完成高推进部分的最后推水进入空中移臂阶段，这时正处在划水阶段的低推进部分，所以此时采用打水可以帮助身体向前推进。

在身体向前运动时要保持均匀速度，不要有明显的停顿，就像现代的蛙泳技术动作流畅，而不像过去那种有明显停顿和不均匀的游进方式一样。

身体转动

海豚式打水的仰泳技术最困难的部分是身体围绕长轴连续的转动。这种技术要求运动员做较大角度的转动，以获得最大的划水距离和效果。流体力学告诉我们侧身位的打水比正或反身位的打水速度快，这是因为侧身位把水推离至两边比正或反身位把水推离至有波浪的水表面效率更高。（你可以去水族馆观察一下，大多数鱼类都是向两侧摆尾打水）

海豚式打水的仰泳技术也是利用核心力量驱使身体转动的，与蝶泳不同的是它要求臀部的左右转动。

打水幅度

如果打水幅度过大，就会产生较大的阻力。正如出发和转身时采用的水下海豚式打水一样，使打水幅度控制在身体前进方向上的投影面内。例如，一个运动员在身体前进方向的投影面积为1，他打水时腿伸出投影面使之面积增加至2，那么就会产生多至4倍的阻力。所以正确的打水应是快速、小幅度并有一定的停顿；而不是那种大幅度，慢速的打水，它只会降低身体位置和增加阻力。

打水力量

在蝶泳中，打水时是向下重打，向上轻打。在海豚式打水的仰泳技术中则是在左右两个方向上都要求重打水。

身体的稳定

这种技术最常见的错误是在打水时上半身过度地左右转动，这样会产生身体的波动，使身体下沉，从而破坏划水的节奏。正确的是上半身相对固定，转动从臀部以下开始。

协调

协调能力是指把几种运动有机地组合在一起，使它们成为一体。海豚式打水的仰泳技术需要这种协调能力把打水时机和节奏、转动及核心力量有机组成为一体。只有把上述因素协调好，才能形成完美的技术，从而战胜传统的技术。

什么是自由泳？

自由泳（freestyle）是游泳比赛项目之一。对技术没有规则限制，比赛时，运动员多采用最快的爬泳技术，致使人们把爬泳亦称为自由泳。19 世纪初，澳大利亚人 R. 卡维尔用两腿交替打水，取

代剪夹水技术取得胜利。1922 年美国人韦斯摩洛改进用两臂交替划水和两腿 6 次交替打水配合，形成现代爬泳模式。1896 年第 1 届奥运会自由泳被列为正式的比赛项目，自由泳不受任何姿势的限制，爬泳的速度最快，也是目前自由泳唯一的姿势。这种姿势结构合理，阻力小，速度均匀，是最省力的一种游泳姿势。

自由泳时身体俯卧保持良好流线姿势，当速度快时肩背浮出水面，两肩配合划水交替滚动，两腿交替打水。手臂动作是爬泳主要动力来源，手入水后勾手提肘以高肘姿势在躯干反复转动配合下，沿身体下面成 S 形曲线向后划水，两手相继出水后经空中向前摆臂，形成一个连贯的加速过程。高肘加速划水是现代技术特征之一。换气是生理需要，对完整配合结构有一定影响，尤其是在高频率快速冲刺阶段。故在速度快时为了减少因换气动作对完整节奏的影响，多采用缩小换气动作时间或减少次数的方法进行。速度快时，多用 6 次腿、2 次臂和 1 次换气进行完整配合；中等速度时可用 4 次腿、2 次臂、1 次换气。由于自由泳游速快，出发要求起动快、前冲有力、滑行短并尽快浮出水面，故多用爬台式平拍入水技术。而转身可用身体任何部分触壁，为了赢得距离和转速，多采用前滚翻转身技术。自由泳项目在比赛中占比重最大，因而成为实力的标志。自由泳技术正朝向实效发展，要求高体位、高肘加速后划为主，减少换气次数，动作连贯，节奏稳定合理。

蝶泳是蛙泳的变形吗？

蝶泳是游泳项目之一。蝶泳技术是在蛙泳技术动作基础上演变而来的。当蛙泳技术发展到第二阶段时，也就是 1937～1952 年这一时期，在游泳比赛中，有些运动员采用两臂划水到大腿后提出水面，再从空中迁移的技术。从外形看，好像蝴蝶展翅飞舞，所以人们称之为"蝶泳"。蝶泳是四种竞技游泳姿势中最后发展起来的泳姿。由于它的腿部动作酷似海豚，所以又称为"海豚泳"。

1953 年，国际泳联规定，蛙泳和蝶泳分开进行比赛。蝶泳与蛙泳分开后，蝶泳成为了一个独立的比赛项目，蝶泳技术得到了迅速发展。近 10 余年来蝶泳技术都是两臂同时划一次，打水两次。这种游法以 1972 年第 20 届奥运会 100 米、200 米蝶泳世界纪录创造者 M・皮茨的蝶泳技术为代表。

1924 年—1933 年期间，蛙泳最大的革新是划水结束后两臂由水中前移改为由空中前移，但仍采用蛙泳的蹬夹动作，出现了蛙泳的变形——蝶泳。1936 年国际游联对蛙泳规则作了补充，允许在蛙泳比赛中采用蝶泳技术，于是蝶泳取代了蛙泳。在 1948 年第 14 届奥运会 200 米蛙泳比赛中，只有一人采用蛙泳技术。1952 年第 15

届奥运会200米比赛中，运动员全部采用蝶泳技术。蝶泳正式列为一个新的项目是在1952年。当时规则还允许蛙泳可以采用水中潜水游进。由于潜泳阻力小，能充分发挥臂力，速度快，于是到1956年第16届奥运会上几乎所有的男子蛙泳运动员都采用了长划水的潜水蛙泳。当时日本运动员古川以2′34″7的成绩创造200米世界新纪录，我国优秀运动员穆祥雄也采用潜水蛙泳创造了新的世界纪录。第16届奥运会后，国际泳联重新修定了规则，宣布取消"潜水蛙泳"，只允许在出发和转身后做一次划水和一次蹬水的潜水动作，而整个游程中禁止在正常水面下潜泳。于是水面蛙泳又得到了恢复和新的发展。

蝶泳在四种竞技游泳姿势中是最年轻的项目。蝶泳出现在1933年，美国人亨利·米尔斯在布鲁克林青年总会比赛中，首先采用两臂从空中移向前方，脚做蛙泳蹬水动作。当时并没有单独的蝶泳比赛项目，而是在蛙泳比赛中出现的。直到1952年第15届奥运会后，才将蛙泳和蝶泳分开，于是产生了正式蝶泳项目。1953年5月31日匈牙利运动员乔治·董贝克首先创造了蝶泳世界纪录，他的技术动作是一个周期内打3次腿。到了60年代蝶泳形成了三种技术类型：一是两臂宽划水，打一次腿，拖一次腿；二是窄划臂，第一次打腿重，第二次打腿轻；三是高肘划水，臂划水路线呈钥匙洞形，二次打腿均较重，有效划水路线长，目前许多优秀运动员都采用这种技术。

什么是花样游泳？

花样游泳，即包含游泳、体操和芭蕾等各种技巧糅合而成的具备舞蹈表演和艺术造型的女子游泳项目之一，又被称为"水上舞蹈"，该运动项目，同时需要足够的身体基本素质、力量和舞蹈技巧。表演者必须在水中做出许多托举、旋转、弯曲动作，而每个动作和每一组舞蹈，都不能借助于泳池底部的地面，由于是在水上和水中表演完成各种花式，所以许多动作是在暂时人为的控制停止呼吸的情况下，在水中完成的，如倒立。作为比赛项目，裁判员根据动作的高难度、正确性和舞蹈组合的合理性等质量标准，以及艺术表现力来评定得分。

花样游泳最早起源于欧洲，20 世纪 20 年代始于加拿大，30 年代传入美国，1934 年美国芝加哥世界博览会演出了一场花样游泳并引起轰动，之后影星埃瑟·威廉姆斯在 20 世纪四五十年代米高梅进行的水上音乐剧"花样游泳"的表演，作为女子水上运动的新兴舞蹈项目而很快走红。

世界花样游泳锦标赛设有三个项目即单人、双人和团体项目，奥运会设定的 2 个项目；双人先进行预赛，前 12 名在决赛中完成

自由自选节目，集体项目没有预赛。单人、双人、团体都分两部分比赛内容即技术自选和自由自选。

规定动作：规定动作比赛中，选手们按照规定顺序依次表演推进、上升、下沉和转身等动作。在自选动作比赛中，对音乐和动作编排都没有限制。评委将对选手花样动作的技术难度、动作完成准确度和艺术程度予以评分。技术自选即参赛者可选择音乐伴奏，但必须按照规定做出一套动作组合。双人项目要在 2′30″ 内完成，集体项目要在 2′50″ 里完成。

奥运会花样游泳规定动作每四年由国际泳联花样游泳技术委员会重新制定。

自选动作：选择自己的音乐和动作。通常动作有创造性并且要可被鉴别，还包含高难度的动作。一套这样的组合应包含有情绪和速度的变化，以及创新的动作复杂的组合和组合变化，还有壮观动作。自由自选的比赛时间双人为 4 分钟，集体 5 分钟。

裁判：裁判分二组，每组 5 人，一组负责评判技术分，另一组负责评判艺术分；裁判的最高打分为 10 分。

花样游泳在 1948 年至 1968 年期间一直是奥运会的表演项目，被称作为"花样游泳"；美国洛杉矶，第 23 届奥运会首次被列为正式比赛项目，正式取名为"花样游泳"，这项比赛是纯女子项目，澳大利亚悉尼第 27 届奥运会和希腊雅典第 28 届奥运会均设两枚金牌即双人组和团体赛两个项目。

集体项目参赛名额为来自 8 个代表团的 8 支队伍参加集体项

目，每队 8 名运动员上场比赛；双人项目来自 24 个代表团的 24 对运动员参加双人项目。双人和集体项目都可以在自由自选比赛中选择自己的音乐和动作。

跳水是如何发展到今天的？又分为几类？

跳水是一项优美的水上运动，它是从高处用各种姿势跃入水中或是从跳水器械上起跳，在空中完成一定动作姿势，并以特定动作入水的运动。跳水运动包括实用跳水、表演跳水和竞技跳水。跳水运动在跳水池中进行。跳水运动员从 1 米、3 米跳板，或从 3 米、5 米 7.5 米和 10 米跳台跳水。跳水运动要求有空中的感觉，协调，柔韧性，优美，平衡感和时间感等素质。竞技跳水是一项由个人参加的竞赛项目。跳水运动员本人由跳台或跳板腾空，可以直接入水或在空中做各种难度的体操花样动作，以干净利索而优美的姿势入水。

宋朝以前就出现一种跳水运动，当时叫"水秋千"。表演者借着"秋千"使身体凌空而起，在空中完成各种动作之后，直接跳入水中。它动作惊险，姿态优美，类似现代的花样跳水。唐代赵璘的

《因话录》记载：洪州（今南昌）曹赞能在"百丈樯上，不解衣投身而下，正坐水面，若在茵席"，或在水中"回旋出没，变化千状"。这可看作是我国早期的跳水运动。

历史上的跳水曾经以谁跳得更远为比赛标准。跳水运动的历史非常久远。人类在掌握了游泳技能之后，就开始有了简单的跳水活动。早在公元前 5 世纪，古希腊花瓶上就有描绘一群可爱的小男孩正头朝下作跳水状的图案。

现代竞技跳水始于 20 世纪初。1900 年，瑞典运动员在第 2 届奥运会上做了精彩的跳水表演，一般公认这是最早的现代竞技跳水。1904 年第 3 届奥运会上，男子跳水被列为正式比赛项目。1908 年正式制定了跳水比赛规则。到 1912 年第 5 届奥运会时，增加了女子比赛项目。

近代竞技跳水是随着其他欧美体育一道在 20 世纪初传入我国的。1979 年以来，我国选手在一系列重大比赛中取得优异成绩，现在中国、美国、俄罗斯、德国、加拿大已经被公认为世界跳水强国。

跳水运动一般可分为竞赛性跳水和非竞赛性跳水两大类。

竞赛性跳水

竞赛性跳水由竞技跳水和高空跳水组成。是奥运会正式竞赛项目之一，分跳板跳水和跳台跳水。比赛时，运动员在一端固定一端有弹性的跳板上起跳完成跳水动作称"跳板跳水"（跳板距水面的高度规定为 1 米和 3 米）。运动员在平直坚固的跳台上起跳完成跳水动作称"跳台跳水"（跳台距水面的高度规定为 5 米、7.5 米和 10 米）。

高空跳水是一种十分惊险的跳水运动。运动员从很高的悬崖上或特制的超高跳台上起跳并完成空中动作后入水。在美国，有一种高空特技跳水比赛，特制的钢架跳台高 48 米，台面宽约 70 厘米。

运动员自由选择比赛动作，由裁判员评分，得分多者为优胜。在墨西哥，有一种传统的悬崖跳水比赛，悬崖高达60米，下面是大海。运动员所跳动作与美国48米高空跳水相似。由于高空跳水危险性较大，容易出现伤害事故，所以在世界上开展得不是很普遍。

跳台跳水——在坚硬无弹性的平台上进行。跳台距水面高度分为5米、7.5米和10米三种，奥运会、世界锦标赛、世界杯赛限用10米跳台。跳台跳水根据起跳方向和动作结构分向前、向后、向内、反身、转体和臂立6组。比赛时，男子要完成4个有难度系数限制的自选动作和6个无难度系数限制的自选动作；女子要完成4个有难度系数限制的自选动作和4个无难度系数限制的自选动作。每个动作的最高得分为10分，以全部动作完成后的得分总和评定成绩，总分高者名次列前。男、女跳台跳水分别于1904年和1912年被列为奥运会比赛项目。

跳板跳水——在一端固定，另一端有弹性的板上进行，跳板离水面的高度有1米和3米两种。跳板跳水根据起跳方向和动作结构分向前、向后、向内、反身和转体5组。比赛时，男子要完成5个有难度系数限制的自选动作和6个无难度系数限制的自选动作；女子要完成5个有难度系数限制的自选动作和5个无难度系数限制的自选动作。每个动作的最高得分为10分，以全部动作完成后的得分总和评定名次，总分高者名次列前。男、女跳板跳水分别于1908年和1920年被列为奥运会比赛项目。

双人跳水——两名运动员同时从跳板或跳台起跳完成跳水动

作，又称"双人同步跳水"。分双人跳水个人和双人跳水团体两类比赛项目。双人跳水个人比赛包括 5 轮不同的动作，其中 2 轮动作的平均难度系数为 2.0，其余 3 轮动作无难度系数限制。在 5 轮动作中，至少有 1 轮动作是 2 人同时向前起跳，1 轮动作是 2 人同时向后起跳，1 轮动作是 1 人向前起跳和 1 人向后起跳的组合动作。双人跳水团体比赛包括 8 轮动作，4 轮跳板跳水，其中 2 轮难度系数为 2.0，另外 2 轮为无难度限制系数；4 轮跳台跳水，其中 2 轮难度系数为 2.0，另外 2 轮为无难度限制系数。在跳板、跳台的各 4 轮比赛中，至少有 1 轮动作是 2 人同时向前起跳，1 轮动作是 2 人同时向后起跳，1 轮动作是 1 人向前起跳和 1 人向后起跳的组合动作。

双人跳水从 2000 年第 27 届奥运会起被列为比赛项目。设男子 3 米跳板双人跳水、10 米跳台双人跳水，女子 3 米跳板双人跳水、10 米跳台双人跳水 4 个项目，共 8 个队参加比赛。2000 年世界杯跳水赛双人跳水的前七名获得参赛资格，东道国澳大利亚队获得参赛资格，如果已经获得参赛资格的队不参加奥运会，则由下一个名次替补。

非竞赛性跳水

非竞赛性跳水可分为实用性跳水、娱乐性跳水和表演跳水。以生产、军事、救护为目的而进行的跳水活动称为"实用性跳水"。以娱乐、健身为目的而进行的跳水活动称为"娱乐性跳水"。"表演性跳水"通常是在盛大节日或跳水比赛结束后所举办的跳水表

演。表演项目包括花样跳水、特技跳水、滑稽跳水等。为丰富表演内容，常常把竞技跳水动作作为表演的内容。在我国香港的海洋公园，经常举行约33.5米的高空跳水表演。美国的跳水表演者能在3米板上反身翻腾一周后仍然落在板端，紧接着完成向前翻腾三周半；也可以在10米台安装的小型弹网或小型跳板上反身翻腾一周后仍落在网板上，紧接着完成向前翻腾一周半转体三周等高难动作。我国的双人跳水和定点跳水表演以配合默契著称；由中国首创的集体烟花跳水更是别具一格，引人入胜，在国际国内的表演中深得好评。

为什么说水球是一种新兴的体育运动？

水球运动，顾名思义是与游泳运动密切相关的。随着游泳运动的开展，人们感到项目太少了，比赛也太单调枯燥，于是就产生了要求开展一项更新、更有趣的水上运动项目的愿望。1860年，在英国曾经流行着两种非正规的比赛。一种是抓鸭子比赛：将鸭子放入水中，运动员下水赶鸭子，谁先抓到鸭子即算获胜。这种比赛由于残害动物而受到社会舆论的谴责，被迫停止了。第二种比赛是人们将苹果桶安上木制的马头并标上赛马场上知名赛马的名字，将桶扔到水里，人们骑在木桶上，手握长柄勺，用长柄勺击打球。当时，在英国还有一些地方，孩子们将足球踢到水里，在水中将球掷来掷去，起先仅作为一种游戏，以后逐渐形成了两队之间的竞赛。

为了竞赛的需要，要求有一个规则来控制这种水上球类比赛，1870 年 5 月 12 日，伦敦游泳协会指定了一个委员会来起草一份规则。当时，在苏格兰、英格兰某些地区，有球门的水中掷球比赛已经很流行，各地的叫法却不相同。有的称这种水中比赛为水上足球，有的叫水上手球，也有称为水上球的。尽管名称不一，比赛方法却大体相同。比赛场地的两端各设一个球门，宽度不等，也可用小船停在场地两端作为球门，把球抛进球门或者小船内，便算得分；允许压球入水，守门员可以在球门里防守，也可以跃出，抓住企图将球放入门里的进攻者的双手；若球门宽，还可以增加一名守门员。

1876 年 7 月 14 日，被认为第一场正规的水球比赛是由英国波内蒙斯首相划船俱乐部举办的。比赛场地长 60 码（0.9144 米），宽 40 码。比赛有一名裁判员和两名监门员，每个队上场队员为 7 人，比赛用球是一个橡皮的足球球胆。同年，苏格兰阿伯顿俱乐部起草制定了一部比赛规则，那时的规则允许队员脚踏水池底行走。因此选择前锋并不取决于上乘的游泳技术，而是身材高大和力量大的。1885 年，英国国家业余游泳协会正式承认水球为一项独立的比赛项目。1890 年水球首先传入美国，后又逐渐在德国、奥地利、匈

牙利等国家广泛开展。在 1900 年第 2 届奥运会上，水球列入正式比赛项目。1973 年起，水球世界锦标赛开始举办，1979 年又开始举办世界杯水球赛。

赛艇是怎么发展起来的？

赛艇运动起源于英国。17 世纪泰晤士河的船工们经常举行划船比赛。1715 年为庆祝英王加冕，首次举行赛艇比赛。1775 年英国制定赛艇竞赛规则，同年成立了赛艇俱乐部。

1811 年伊顿公学首次举行八人赛艇比赛。1829 年牛津大学、剑桥大学首次举行校际赛艇比赛。民众对这种比赛非常感兴趣，观众较多。以后又逐渐增设一系列的杯赛，参加比赛者已不限于两校，除英国外，还有几十个国家派队参加。1839 年举办赛艇杯赛。

1846 年英国人在艇舷上安装了桨架，增加桨的长度，提高划桨效果；1847 年又将重叠板的外龙骨艇改装成平滑的内龙骨艇，提高了赛艇速度。

1857 年美国的巴布科克发明滑座，运动员划桨时身体能前后移动，可以有效地利用腿部力量。1882 年俄国人将封闭式桨栓改为活动式桨环，增大划桨幅度。1890 年英国制定类似现代的赛艇竞赛规则。

1892 年，在意大利都灵成立国际赛艇联合会，当时有 6 名会员。当年举行第 1 届欧洲赛艇锦标赛。此后，国际赛艇比赛一直在国际赛艇联合会的领导下组织进行。国际赛艇联合会目前拥有 120 个国家和地区的会员协会。1923 年国际赛艇联合会的总部由都灵迁至瑞士，从 1997 年起设在瑞士的洛桑。

1962 年在瑞士举行第 1 届世界赛艇锦标赛，至 1974 年共举办 4 届。从 1975 年起每年都举办一届世界锦标赛。赛艇运动项目较多。目前，国际赛艇联合会设立的世界赛艇锦标赛有 23 个项目，分 4 个级别。即男子公开级、轻量级；女子公开级、轻量级。每一个级别又按运动形式分单桨和双桨；按参加人数分单人、双人、四人、八人赛艇；有些项目还分有舵手、无舵手。为了简化，各项目名称用字母、数字和符号的组合来表示："M"为男子，"W"为女子，"L"为轻量级，数字为桨手人数，"×"为双桨，"+"为单桨有舵手，"－"为单桨无舵手。因此赛艇运动根据桨手人数、体重、操桨方式及有无舵手，可分成 8 种赛艇比赛项目。

国际赛艇联合会主办的比赛还有世界 23 岁以下赛艇锦标赛、世界残疾人赛艇锦标赛、世界杯系列赛和世界老将赛艇比赛等。

1896 年第 1 届奥运会已将赛艇列入正式比赛项目，但由于天气恶劣临时取消。1900 年第 2 届奥运会上举行了赛艇比赛，设 6 个单项。但当时的比赛规则不完善，比赛的距离、航道和比赛细则都不明确。1934 年，国际赛艇联合会规定比赛必须在 2000 米的直道上

举行，宽度至少可容纳 3 条艇比赛。

由于奥运会设立赛艇项目，并设有较多单项，促使各国对赛艇运动高度重视，推动了这项运动的发展。

从 1976 年开始，允许女子运动员参加奥运会赛艇比赛。1996年亚特兰大奥运会，轻量级赛艇比赛及新规则被引入奥运会，男子、女子同时设立了轻量级赛艇项目，比赛仍为 14 项。

赛艇、皮艇和划艇的区别在哪里？

在综合性运动会上一般都设"赛艇"和"皮划艇"两大比赛项目。虽然从定义上讲，这两大运动都是"在比赛航道内用人力划桨使赛艇前进的运动"，但是在运动员坐艇和用桨方面有着很大的区别。具体体现在："赛艇"是运动员坐在"装有 4 个轮子的座位"上，"背朝前进方向，用单桨或双桨前后移动划水来推动船体前进"；而"皮划艇"则都是运动员坐在艇内，"面朝前进方向，用一支桨划水来推动船体前进"。

"皮划艇"是一个项目的总称，实际上"皮艇"和"划艇"还有不同之处。"皮艇"为运动员"坐在艇内，用一支两端都有桨叶的桨左右交替划水"；而"划艇"则是运动员"单膝跪在艇内，用单叶桨在艇手一侧划水"。国际皮艇比赛设有单人、双人和四人皮艇三个小项，取"皮艇"之爱斯基摩语"KAYAKS"首字母加艇上人数的阿拉伯数字为代号，分别以"K1"、"K2"和"K4"来表示。而奥运会划艇比赛项目有单人和双人两种，取"划艇"之英文名称"CANOES"首字母加艇上人数的阿拉伯数字为代号，分别以"C1"和"C2"来表示。

赛艇起源于 18 世纪初叶，1715 年在英国泰晤士河上就有了赛艇比赛；19 世纪 20 年代末期开始逐渐在欧洲普及起来，并传向美洲、澳洲和亚洲。中国于 1913 年在上海建立了"划船总会"。1900 年赛艇被列为奥运会比赛项目，1982 年被列为亚运会正式比赛项目。

皮划艇运动起源也较早，1715 年英国首次举行皮划艇比赛，19 世纪在欧美许多国家普遍开展，到 1936 年被列为奥运会正式比赛项目；20 世纪 30 年代皮划艇运动才传入中国。

什么是赛龙舟？

赛龙舟，或称龙舟竞赛、龙舟竞渡、龙舟竞漕、爬龙船（闽粤地区惯称），是中国、越南、日本端午节的习俗之一，也是一些东亚地区的地方民俗活动，现在龙舟竞赛已发展为一项水上体育运动，在中国以及世界各地一些沿海、沿河地方亦有定期举行。它除了是中国全国运动会的项目之一外，也于广州主办的 2010 年亚洲运动会，首次成为亚运会中的正式比赛项目。

龙舟竞渡流传最广的起源是，楚国人为纪念投江自尽的屈原，借龙舟驱散江中之鱼，期望阻止鱼吃掉屈原的身体。此龙舟竞渡之寓意，被《史记》所肯定。其中在南朝梁吴均的《续齐谐记》记载："楚大夫屈原遭谗不用，是日投汨罗江死，楚人哀之，乃以舟拯救。端阳重渡，乃遗俗也。"另在《隋书·地理志》记载："屈原以五月望日赴汨罗，土人追至洞庭不见，乃歌曰，何由得渡湖？因而鼓棹争归，竞会亭上，为竞渡之戏，迅楫齐驰，棹振水陆，观看如云。"但龙舟竞渡所之起源，南朝梁宗懍《荆楚岁时记》则曰："五月初五，是日竞渡，采杂药。"

舟，具有独特的观赏性。而龙舟的鉴赏，还是一门学问呢！

龙舟分"专职龙舟"和"业余龙舟"两大类。"专职龙舟"只作竞渡，不作它用。"业余龙舟"则是以生产用船临时改装而成，用后又恢复为生产用船。

专职龙舟又分为专用龙舟、简便龙舟、游龙、造型龙舟等。

各种龙舟的构造大致相同：船体（包括桨梢或橹）、龙头、龙尾、各种装饰物和锣鼓。

龙头大多用整木雕成。无论专职龙舟或是业余龙舟，龙头都是竞渡前才装上船头的。龙头造型千姿百态，根据各地风俗而定。广州西江水系的鸡公龙头和东江水系的大头狗龙头，别具特色。

龙头多染成红色，称"红龙"。也有涂为黑色或灰色的，称"黑龙"或"灰龙"。龙尾大多用整木雕成，充满鳞甲。

船上装饰最繁杂的以顺德的鸡公头龙舟为代表。其中部有一个神楼，一个大鼓和一个铜锣。龙舟上有龙头、龙尾旗、帅旗和罗伞等装饰。龙舟的大小按划龙舟的人数区分：3人、5人、10人的为

小龙舟，长约 1 丈半到 2 丈；20 到 50 多人的为中龙舟，长 5 丈到 7 丈；60 到 100 人以上的为大龙舟，长 9 丈到 10 多丈；还有 200 多人的特大龙舟。

小龙舟只有桡手和舵手，中龙舟配鼓手和锣手各一人；大龙舟配鼓手和锣手各两人。珠江三角洲一带因河床比较宽，人民生活水平比较富裕，故龙舟比较大，60 多人以上的算较普通，100 多人的也很多。

飞溅的浪花、飞舞的龙旗、飞驰的龙舟，震耳欲聋的锣鼓声、呐喊声，与两岸欢乐的人群一起，构成乡情浓浓的中国龙舟竞渡风俗画。

帆船运动起源于哪里？

帆船运动是借助风帆推动船只在规定距离内竞速的一项水上运动。1900 年第 2 届奥运会开始列入比赛项目。

帆船是一种古老的水上交通运输工具，作为娱乐活动起源于 16 ~ 17 世纪的荷兰。19 世纪英、美等国纷纷成立帆船俱乐部，1870 年举行了横渡大西洋的美洲杯帆船赛。比赛在开阔的海面进行，场地由 3 个浮标构成等边三角形，每段航道长度不少于 2 ~ 2.5

海里。比赛为绕标航行，组织指挥采用国际旗语传达命令，红旗表示按顺时针方向绕标，绿旗表示按逆时针方向绕标，P 字旗表示 5 分钟预备。航行中不按规定绕标，视为未完成比赛。碰撞标志，判罚绕该标志 360°；碰撞他船，判罚原地旋转 720°。比赛共进行 7 场，取其中成绩最好的 6 场得分之和评定总分，总分最少者为优胜。每场计分方法为：第 1 名得 0 分，第 2 名得 3 分，第 3 名得 5.7 分，第 4 名得 8 分，第 5 名得 10 分，第 6 名得 11.7 分，第 7 名得 13 分，此后每名次加 1 分。

帆船大体分为龙骨帆艇和稳向板帆艇两大类。龙骨帆艇船体中下部有一突出的铁舵，艇长在 6.50～22 米之间，稳定性能好，只能在深水中航行。稳向板帆艇船体中部有一块可上下移动的稳向板，艇长在 6 米以下，轻捷灵活，可在浅水中航行。

上述两大类帆船，又可按不同的长度、宽度、重量、吃水深浅、船帆面积和数量，驾驶人数等分为多种型号。

历届奥运会比赛船型不固定，第 9 届奥运会以前根据重量或长度分型，如 0.5 吨以下型、0.5～1 吨以下型、12 米型、8 米型等。

第 10 届奥运会以后逐渐按多方面性能、数据划分船型，不少型号还以设计者的国籍或名字命名，如索林型、芬兰人型等。

最近几届奥运会主要有：

1. 芬兰人型由芬兰人萨尔比设计，船帆标志"≈"，属稳向板帆艇类，1952 年开始列为奥运会比赛项目。

2. 索林型由挪威人索林设计，船帆标志"Ω"，3 人驾驶，属

龙骨帆艇类，1972 年开始列为奥运会比赛项目。

3. 飞行荷兰人型由荷兰人埃森设计，船帆标志"FD"，2 人驾驶，属稳向板帆艇类，1960 年开始列为奥运会比赛项目。

4. 暴风雨型由英国人普罗克特设计，船帆标志"T"，2 人驾驶，属龙骨帆艇类，1972 年开始列为奥运会比赛项目。

5. 470 型船身长 4.70 米，船帆标志"470"，2 人驾驶，属稳向板帆艇类，1976 年开始列为奥运会比赛项目。

6. 星型船帆标志"☆"，2 人驾驶，属龙骨帆艇类，1932 年开始列为奥运会比赛项目。

帆船一直是男女混合比赛，1988 年第 24 届奥运会开始部分项目实行男女分开比赛。2000 年第 27 届奥运会除托纳多型、49 人型、星型、索林型、激光型 5 个项目外，其他均男女分开设项。

自行车比赛用车是怎样的?

在 1896 年第 1 届奥运会上，自行车项目就被列入正式比赛项目。在奥运会发展的初期阶段，只有场地、公路两个分项的比赛。而且在小项的比赛距离和成绩统计上变化较大。在 20 世纪 20～40 年代，场地、公路自行车比赛设项都相对趋于规范；20 世纪 50 年代之后，国际自盟对奥运会自行车比赛的项目设置、竞赛方法进一步规范化。同时，在奥运会上增设了赛事质量高、受观众喜爱的、比较成熟的竞赛项目，如山地越野赛、小轮车项目。当代奥运会自行车比赛既有传统项目，也有现代新兴项目，并且比赛项目和竞赛方法更加规范化和标准化。

公路自行车（road bicycle）：用来在平滑公路路面上使用的车种，由于平滑路面阻力较小，公路自行车的设计更大考虑高速，往往使用可减低风阻的下弯把手，较窄的高气压低阻力外胎，档位较高，且轮径比一般的登山越野车都大。由于车架和配件不需像山地车一样需要加强，所以往往重量较轻，在公路上骑行时效率很高。由于车架无须加强又往往采用简单高效的菱形设计，公路车是最为优美的自行车。

　　场地自行车（track bicycle）：用于在室内极其平滑的椭圆形赛道上使用的自行车，这种自行车没有车闸（刹车），没有变速器，且没有可逆转的飞轮。三项赛/计时赛自行车（triathlon/time trial bicycle）：在三项赛和计时赛运动中使用的公路自行车，三项赛和计时赛的最大特点就是不允许使用牵引气流。也就是说选手必须完全通过自己的力量来克服空气阻力，而不许骑在其他选手后面，所以三项赛/计时赛自行车在设计时非常注重让选手保持一个减小空气阻力的骑行姿势，同时注意减小自行车自身的空气阻力。三项赛自行车还让选手在骑行时使用和跑步时相近的肌肉组，这样使从骑行到跑步的转换更容易。

山地自行车（mountain bike）：起源于 1977 年美国旧金山。设计为骑乘于山区的车种，通常具有变速器可变换省力或快速的档位，有些会在车架安装避震器，部分的轮胎胎皮是巧克力胎纹，以便于在无铺面的路面骑乘。山地车零件的尺寸一般为英制单位。车圈为 24/26/29 英寸，轮胎尺寸一般为 1.0 ~ 2.5 英寸之间。车架尺寸也以英制为单位，例如 14″、17″、19″来表示车架尺寸的大小。

什么是公赛?

公赛是摩托车玩家对运动型摩托车的一种称呼，也有摩托车玩家称其为"趴赛"（骑乘时身体几乎趴在油箱上）。因其主要为道路设计，越野性能不强，但在公路的加速性，娱乐性极佳，所以大多车手都在公路骑乘。

道路摩托车：主要使用在铺装路面上的摩托车叫道路摩托车。道路摩托车可分为三大类，即超级运动摩托车、旅行摩托车和美式摩托车。

超级运动摩托车：一般摩托车十分重视行驶时的舒适性和操纵方便性。超级运动摩托车则不同，它更重视摩托车的高速行驶性

能。乘用这种摩托车，骑手可以充分感受到发动机、轮胎和路面变动时的快感和乐趣。它和赛车不同，它追求的是乘坐时的青春动感，而不像赛车那样一味地追求高车速。没有一定的高速性能作保障，骑手很难体验到这种快感，所以必须提高摩托车的车速。但一旦能产生乘坐时的快感，也就不必再提高车速了。

下面讲解一下，摩托车总布置对其运动性能的影响。发动机的布置形式对摩托车的运动性能影响很大。例如，多缸机优点虽然很多，但其缺点是尺寸不紧凑、重量重。发动机的长度尺寸过大尤其不好，它将极大地影响摩托车的方向把手感。当采用单缸发动机和横置 V2 发动机时，可以大幅度地降低发动机重量，减少其长度尺寸，降低摩托车方向把转向力。这样既可以提高摩托车的车速，又能使摩托车转向轻快，从而提高摩托车的行驶舒适性，添加摩托车的游乐性。

大多运动型摩托车都是各大摩托厂商对自己赛车修改后而生产的民用版摩托车，虽说运动性不如赛车，但却保留了赛车应有的运动血统。运动性比起一般民用摩托要强得多，再有保留了赛车的样子，给人一种运动的冲动。

总之，凡是具有体育运动性能的摩托车都是超级运动摩托车，而不论是装用多缸机，还是装用单缸机，也不管车身是整体式的整流罩还是部分整流罩。

赛车运动都包括哪些类别?

赛车运动起源距今已有超过 100 年的历史。最早的赛车比赛是在城市间的公路上进行的。许多车手因为公路比赛极大的危险性而丧生,于是专业比赛赛道应运而生。第一场赛车于 1887 年 4 月 20 日在巴黎举行。

赛车运动分为两大类,场地赛车和非场地赛车。

场地赛车顾名思义,就是指赛车在规定的封闭场地中进行比赛。它又可分为漂移赛、方程式赛、轿车赛、运动汽车赛、GT 耐力赛、短道拉力赛、场地越野赛、直线竞速赛等。

非场地赛车的比赛场地基本上不是封闭的,主要分拉力赛、越野赛、登山赛、沙滩赛、泥地赛等。

方程式赛中又包含了一级方程式、三级方程式、GP2、F3000、印第赛车、美国冠军方程式、福特方程式、康巴斯方程式及卡丁车等。

方程式汽车赛——这是汽车场地比赛的一种。赛车必须依照国际汽车联合会制定颁发的车辆技术规则规定的程序制造,包括车体结构、长度和宽度、最低重量、发动机工作容积、汽缸数量、油箱

容量、电子设备、轮胎的距离和大小等。

　　各级方程式赛车的制造程序不同。属于方程式汽车比赛的项目有 F1、F－3000、F－3、亚洲方程式、无限方程式、福特方程式、雷诺方程式、卡丁车方程式等。

　　所谓"方程式"赛车是按照国际汽车运动联合会（FIA）规定标准制造的赛车。这些标准对"方程式"赛车的车长、车宽、车重、发动机的功率、排量、是否用增压器以及轮胎的尺寸等技术参数都做了严格的规定。F1 大赛的统筹工作，均由 FIA 安排。他们负责制定车赛的规则，拟定比赛时间表和选择赛车的场地等。

　　每辆 F1 赛车都是世界著名汽车厂家的精心杰作。一辆这种赛车的价值超过 700 万美元，甚至不亚于一架小型飞机的价值。F1 汽车大赛，不仅是赛车手勇气、驾驶技术和智慧的竞争，在其背后还进行着各大汽车公司之间科学技术的竞争。福特汽车公司就形象地把汽车大赛比作"高科技奥运会"。在汽车大赛中推出的新型赛车，从设计到制造都凝聚着众多研制者的心血，并代表着一家公司乃至一个国家的高科技最新水平。汽车大赛还是各国科技人才素质的较量。据悉，德国约有 2000 多名专业人才直接从事赛车的设计、制造和研究工作，美国约有 1 万人，而日本则最多，估计近 2 万人左右。

　　所有参加 F1 大赛的车手，都是经过千挑万选的世界车坛的精英。每一位车手在跻身 F1 大赛前，都必须经过多个级次的选拔，例如小型车赛、三级方程式（F3）车赛等，堪称过五关、斩六将，而要成为世界冠军，更非易事。他必须身经百战，集赛车技术、天赋及斗志于一身。

拉力赛——拉力赛的道路状况十分复杂，每一段特殊路段为一个赛程，例如一个赛程全是曲折蜿蜒的山路，另一个赛程则是阴暗森林中的泥路。拉力赛的路线都是一致的，但并不同时出发，而是一辆接着一辆，每一辆赛车在不同阶段都由裁判员记录下所需时间，总时间最短的便是胜利者。

大型拉力赛的车队往往由几十名队员和多种运输工具组成，其中有负责传递信息的摩托车、装载备用部件的卡车、医疗用车，甚至有时还有直升机。

赛车不同于街道上行驶的普通汽车，虽然外观一样，但参加比赛的汽车要求是年产量在 2500 辆以上的小轿车，并且至少有两套改装：安全改装和技术改装。

拉力赛主要分为两种主要形式：

一种为由甲地出发，到达乙地结束，历时五六天甚至十几、二十几天的直线型、长距离马拉松拉力赛（格拉纳达—达喀尔拉力赛、555 港京拉力赛和巴黎—莫斯科—乌兰巴托—北京拉力赛都属于这类比赛）。这类比赛每年只举办一次，每次持续五天至二十几天不等；另一种为每天行驶的方向不同，但均返回同一地点、历时两天到三天的锦标赛系列赛事，这类比赛每年在不同国家和地区举办数场或十几场。如果把每天的出发和返回的地点看作一个圆心，那么每天行驶的路线都是以这个圆心而向外辐射的，其形状如同梅

花一般。因此，这一类拉力赛又称为"梅花型"拉力赛。

直线竞速赛（drag racing）——汽车场地比赛项目之一。比赛按不同车型及发动机工作容积分为 12～14 个级别，在两条并列长1500 米、各宽 15 米的直线柏油跑道上进行，实际比赛距离为 1/4英里或 1/8 英里。比赛时每 2 辆车为 1 组，实行淘汰制，分多轮进行，直至决出冠军。采用定点发车方法，加速行进，通过电子仪器测量从发车线到终点线的行驶时间评定成绩。

使用特别设计制造的活塞式或喷气式专用赛车，以汽油、甲醇或煤油为燃料，车重 500～1000 千克。其中"高级酒精发烧友（TAFC）"级的发动机容积达 8930CC，输出功率 2500 马力，速度达 382 千米/小时；"三角架高级燃料车（TFD）"级的发动机容积为 8127CC，输出功率 5000 马力，速度可达 460 千米/小时；"喷气发烧友"级的发动机输出功率达 10000 马力。

耐久赛（Grand Touring Car）——亦称"GT 赛"。汽车场地比赛的一种，为长时间耐久性汽车比赛。比赛车辆分旅行车和运动原型车两类，并根据发动机的工作容积分为若干级别。比赛中每车可设 2～3 名驾驶员，轮流驾驶。

每年国际汽车耐力系列赛分为 11 站，在世界各地举行。比赛一般进行 8～12 小时，以完成圈数的多少评定成绩。较著名的比赛有法国勒芒（Le Mans）24 小时耐久赛、日本铃鹿（Suzuka）8 小时耐久赛等。

印第车赛（Indy Car）——汽车场地比赛的一种，设有世界锦标赛。该车赛起源于美国，原为美国汽车协会主办的锦标赛。1978
年由 18 支印地车队联合成立了"印地锦标赛赛车队有限公司"，建
立了赛事管理机构举办系列车赛，制定了独特的比赛规则。1979 年
举办了第一次比赛，成为不受国际汽车联合会管辖的汽车比赛。

比赛使用车辆的整体结构类似一级方程式的四轮外露式单座位
纯跑道用赛车，但使用 8 汽缸、工作容积为 2.6 ~ 3.4 公升以甲醇
为燃料的涡轮增压式发动机，输出功率 700 ~ 850 马力。依不同的
比赛场地比赛距离为 320 公里至 800 公里不等。

卡丁车赛（Karting）——汽车场地比赛项目的一种。分方程式
卡丁车、国际 A、B、C、E 级和普及级六类，共 12 个级别。使用
轻钢管结构，操纵简单，无车体外壳，装配 100CC、125CC 或
250CC 汽油发动机的 4 轮单座位微型赛车，重心低，在曲折的环形
路线上行驶，比赛速度感强。卡丁车是世界方程式赛车的最初级形
式，始于 1940 年。由于许多著名的一级方程式赛手都是从卡丁车
起步的，因此卡丁车被视为"F – 1"摇篮。

创纪录赛（Land – Speed Record – LSR）——在某个场地或路
段以单车出发创造最高行驶速度纪录的汽车活动。按汽车发动机的
工作容积分 A – J 共 10 个级别。现今以轮胎驱动的汽车的最高速度
纪录是 1965 年 11 月由赛默兄弟（Summer Brother）创造的，时速
达 660 千米/小时；以喷气式发动机为动力驱动的汽车最高速度纪
录是 1983 年由英国人理查德德·诺贝尔（Richard Noble）驾驶的
他自己设计的 Thrust Ⅱ 车，在美国内华达州西北的盐湖上创造的，

时速达 1019.89 千米／小时。其发动机的输出总功率为 60000 马力。

越野赛（Rally Cross）——汽车道路比赛项目之一。是在一个国家的公路和自然道路上举行的允许对该国进行考察的汽车比赛。经过几个国家的领土、总长度超过 10000 千米或跨洲的比赛称"马拉松越野赛"。除国际汽联特别批准外，越野赛的赛程不得超过 15 天，比赛必须在白天进行。采用单车发车方式。比赛每经过 10 个阶段后至少休息 18 个小时。

每阶段的行驶距离自定，但每个赛段的最大长度，越野赛规定不超过 350 千米，马拉松越野赛规定不超过 800 千米。必须使用在国际汽联注册的全轮驱动汽车参赛。1996 年国际汽联首次对越野赛实行世界杯赛制，其中较著名的比赛有巴黎—达喀尔越野赛、突尼斯国际汽车赛、巴黎—莫斯科—北京马拉松汽车越野赛、阿拉伯联合酋长国沙漠挑战赛等。

什么是汽车拉力赛？

汽车拉力赛是指在一个国家内举行或者跨越国境举行的多日的、分段的长途汽车比赛。比赛的路面既有平坦的柏油公路，也有荒山野岭的崎岖山路。比赛时，路线上不断绝其他车辆通行，限定参赛汽车每天行驶的路程及到达时间。路线上设检查站检查是否在规定时间内通过，这是一种既检验车辆性能和质量，又考验驾驶员技术的比赛。参赛汽车必须是批量生产的小轿车或经过改装的车。短的拉力赛需要几天，长者可持续几十天。拉力赛将出发地到终止地之间的路程分成若干个行驶路段和赛段，并在沿途设有给养站和休息站。在行驶路段行驶时，参赛汽车受到一定的时速限制，并须按规定时间抵达各路段的终点，既不能提前也不能拖后，行驶中要遵守当地的交通规则，违反规则者将被扣分。在赛段中，赛车可以全速行驶，有时车速高达每小时 200 千米以上。在整个拉力赛结束时，以跑完全程累积时间最少和被扣分数最少的汽车和驾驶者为优胜。

首次正式的汽车拉力赛于 1900 年在英国举行，全程长 1600 余千米。路程最长的是 1977 年举行的从英国伦敦到澳大利亚悉尼的拉力赛，全程长 31100 多千米，历时 46 天。目前世界著名的汽车拉力赛有巴黎至达喀尔拉力赛、欧洲的蒙特卡洛拉力赛和东非萨法里拉力赛等。

极限运动篇

体育运动

什么是滑翔？

滑翔指物体不依靠动力，只利用空气的浮力在空中飘行。

从古至今，人类在不停地探索能够像鸟儿一样自由自在飞翔的方法，随着科技的进步和现代航空技术的发展，人类发明了各种飞行工具，滑翔伞就是其中一种。因为新奇、刺激而且又没有太大的体力限制，这项运动在短短数年之间迅速风靡了世界各地。今天，在世界各地，滑翔伞运动已拥有数十万的爱好者。从它的英文词意 Para – Glider 上不难发现，飞行伞是降落伞与滑翔翼的结合，也就是用高空方块伞改良成性能上接近滑翔翼的综合体。

滑翔伞是一项不需要许多体力付出的体育运动，全套器材仅重约 20 公斤。滑翔伞是自由飞行器，通常从高山斜坡起飞，也可以通过牵引方式起飞。滑翔伞用双脚起飞和着陆，所使用的器材与飞机跳伞使用的降落伞有很大区别。当代的滑翔伞可以爬升到海拔

4000 米以上，最大直线飞行距离已经突破 400 公里。出于飞行理念的不同，滑翔伞可以分为休闲滑翔、竞技滑翔和特技滑翔三个领域。

据说滑翔伞最初是起源于阿尔卑斯山区登山者的突发奇想，1978 年，一个住在阿尔卑斯山麓沙木尼的法国登山家贝登用一顶高空方块伞从山腰起飞，成功地飞到山下。一项新奇的运动便形成了，1984 年来自沙木尼的费龙（Roger Fillon）从自鼓朗峰上飞出，滑翔伞才在一夕之间声名大噪，迅速在世界各地风行起来。由于该项运动独特的刺激性，在欧美国家广泛的普及，仅在欧洲，滑行伞飞行者已有 300 多万人。滑翔伞在我国也已成为广大航空运空爱好者向往、追求和迷恋的体育运动。

动力滑翔伞是在滑翔伞基础上发展起来，它是在座包后加上一个动力推进器，重约 15~25 千克，推力 40~80 千克，飞行时间达 1~5 小时，可以在平地起落，受场地限制小，较为方便。但飞行时噪音较大，价格也贵（约 12 万人民币）。主要用于培训及商业飞行。相比之下，普通滑翔伞价格更易被人接受（约 1 至 2 万人民币），飞行乐趣也多，它一般在山坡上起飞，找到热气流或动力气流后盘旋上升，气流好时可升至 2~3 千米。目前飞行伞留空时间的世界记录已达 24 小时，飞行直线距离 350 公里。

滑翔伞的伞翼形状与飞机跳伞有很大不同，当代滑翔伞翼展弦比通常 7：1 以上，而飞机跳伞使用的方伞展弦比在 4：1 左右。今日的滑翔伞的外形经过精密的设计，制造过程通常采用抗紫外线不透气低重量织物作为伞衣的制作材料，采用不可拉伸的刚性绳索

（凯夫拉或迪尼玛等）制作伞绳。飞机跳伞则多采用透气材料和弹力伞绳。大多数滑翔伞的伞绳自前至后分为 A、B、C、D 四组。翼面分为上下两层，2 层翼面之间由横膈膜分割为数十个连通的气室。气室前段开口用于伞翼充气。当代高性能滑翔伞翼每下降 1 米便可以前进 7 米 ~9 米的距离。

吊袋是飞行员乘坐的地方，通常采用抗磨抗拉伸织物制造。吊袋通过 2 个悬挂钩与伞绳的末端相连。坐袋悬挂钩相对于飞行员乘坐重心的高度对飞行员有很重要影响。滑翔高位置的悬挂钩安定性好，对飞行员重心移动不敏感，操控起来略显费力。适合初级或休闲飞行员。高悬挂位置吊袋对重心移动敏感，对操控水平要求也高，更适合越野飞行或竞技飞行。

保护装备是极限运动装备不可或缺的一部分，备份伞是滑翔伞飞行必备物品。备份伞的结构与主滑翔伞不同。主流备份伞都呈正圆形，伞顶开有导气口，通常下落速度为每秒 5 ~6 米。通常备份伞具有很强的抗扰动能力但没有滑翔功能。当主伞发生塌陷无法充气或进入其他飞行员不可控状态后，飞行员应该立刻抛出备份伞。

滑翔伞的起飞需要长度为 10 米，坡度为 15 度左右的向风面山坡。起飞须正对风向，飞行员控制伞翼充气到头顶后即开始加速起飞。通常当伞翼的空速达到 6 米/秒左右时会将人带离地面，对于有经验的飞行员来说起飞会在 3 步之内完成。

滑翔伞可以自由转向。滑翔伞拥有刹车组伞绳，刹车组连接在伞翼的尾端，飞行时左右手各持相应一侧的刹车手柄。当拉下一侧刹车手柄后，该侧尾段被拉下，阻力增大，伞翼会向该方向旋转，

从而达到转弯的目的。

滑翔伞自身没有动力，必须依靠外力进行爬升。在晴朗的天气里，飞行员通过控制飞行方向进入热气流可以爬升到当天积云的高度，通常为2000米~4000米的露点高度。或者在风力较强的天气下依靠山形造成的动力气流徘徊在陡坡峭壁，通常依靠动力气流得到高度有限，基本相当于山的高度。

如无外力影响，通滑翔伞会以每秒1米至1.5米的速度下降。

与飞机跳伞的冲击着陆不同，滑翔伞着陆要轻柔得多。着陆前滑翔伞须正对风向减小对地速度，在距离地面数米处通过双侧施加较大幅度的刹车可以实现接近零速度零下落的雀降。

什么是蹦极？

蹦极是一项户外休闲活动。跳跃者站在约40米以上高度的位置，用橡皮绳固定住后跳下，落地前弹起。反复弹起落下，重复多次直到弹性消失。

蹦极是近来新兴的一项非常刺激的户外休闲活动。跳跃者站在约40米以上（相当于10层楼）高度的桥梁、塔顶、高楼、吊车甚至热气球上，把一端固定的一根长长的橡皮条绑在踝关节处然后两臂伸开，双腿并拢，头朝下跳下去。绑在跳跃者踝部的橡皮条很长，足以使跳跃者在空中享受几秒钟的"自由落体"。当人体落到离地面一定距离时，橡皮绳被拉开、绷紧、阻止人体继续下落，当到达最低点时橡皮再次弹起，人被拉起，随后，又落下，这样反复多次直到橡皮绳的弹性消失为止，这就是蹦极的全过程。

公元 500 年前后，在西太平洋瓦努阿图群岛的 BUNLAP 部落。一位土著妇女为逃避丈夫的虐待，爬上了高高的可可树，用一种当地具有弹性的蔓藤牢牢绑住脚踝。她威胁其丈夫要从树上跳下来，没想到笨丈夫随后也爬上了树，跟着跳了下去，结果自然是柔嫩的蔓藤救了女人的命，暴虐的丈夫却命丧黄泉。此后，将蔓藤绑住脚踝从高处跳下成了当地一种独特的风俗习惯。他们依山建起一座座由树桩和蔓藤捆扎而成、20~30 米的高塔，年轻的男子从上面俯冲而下，象征他们步入成熟，向他们信奉的图腾祈愿部落的平安和丰收。

这种形式后来传到英国，被作为皇宫贵族的一种表演，表演者须穿燕尾服，头戴礼帽。首次使用橡皮绳蹦极，是在美国。1954年，有两位地理学家来到蓬特科斯特岛进行科学考察，意外地发现了岛上居民的这个奇怪风俗。他们在题为《南太平洋上不可思议的跳跃》科学考察报告中对"俯冲跳"作了这样的描述："在蓬特科斯特岛上，当地人在感恩节爬到山间的塔顶上，身上系一根绳子，头朝下地跳下来。"从此，蹦极运动的雏形被传播开了。

1970 年，地理学家们再次来到这个小岛，摄影家兼作家卡尔·穆勒成为第一个尝试这种令人心颤活动的外来人，他形容自己从 25 米高处跃下时，奇怪地感觉自己似乎停止了思维，极度兴奋后，身

体稍有些不适应。1979年4月1日，英国牛津大学冒险俱乐部成员从当地245英尺高的克里夫顿桥上利用一根弹性绳索飞身跳下，拉开了现代蹦极运动的帷幕。

但蹦极跳的真正发扬光大是在新西兰。早在1988年，A.J.贺克特和克里斯·奥拉姆在新西兰成立了第一家商业性蹦极组织反弹跳跃协会。贺克特更是从埃菲尔铁塔上跳下，因而更加引起了世人对蹦极跳的兴趣。同年，约翰·考夫曼和他的弟弟在美国加利福尼亚州也成立了一个商业性的蹦极机构。约翰本人就是被电视上的蹦极表演吸引到这个行业中来的，在不到三年的时间里，他们就吸引了16000人，每人花费99美元来参加蹦极跳，并把蹦极发展到大桥式蹦极、飞机式蹦极等多种形式。1990年，又开创了热气球蹦极跳。到目前为止，世界上有很多国家都已建立了蹦极跳运动基地，例如新加坡、日本、加拿大、澳大利亚以及一些欧洲国家。1997年5月1日，蹦极跳首次传入中国。

蹦极的注意事项：

第一，蹦极活动的组织者应该是一家合法经营的公司。蹦极教练要有资格、有常识并有经验。许多急功近利的组织者根本就缺少经验，设备也不完善。据记载，蹦极活动中的第一起死亡事故就是因为教练没有把绳索系好，绳子看起来是系在钩子上了，其实没有。另外，由于蹦极是一项具有冒险性的活动，你最好参加保险。

第二，把游客系在绳子上的方法有几种——把背带套在身上，以及系住脚踝、腿或手臂。无论哪种方法，你的安全都取决于你是否被系好了。如果系着物看起来陈旧不堪，或者你觉得哪儿不对劲，就不要跳。

第三，还有的事故是由于人们从正升往蹦极点的升降机上摔下来而造成的。因此升降机启动之前你必须要坐稳，不要在升降机启动之前就系上蹦极的绳子，否则绳子容易绕成一团。

第四，许多蹦极点都针对不同的体重，配备了不同的绳索。这些绳子有不同的颜色和标签，标明适用于哪个体重范围。要问问教练绳子的规格，如果觉得不满意，就不要跳。一般来说，50 公斤以下的用细绳，50~80 公斤的用中绳，80 公斤以上的用重绳。

第五，一些地方提供非常危险的蹦极形式。例如有些双人式蹦极，两人在狭小的空间内不受控制地上下弹跳，他们可能撞到对方，绳子也可能绞在一起。除非非常有经验，并且蹦极者之间的空间也足够大，否则你应避免这种危险的方式。

第六，还有一种沙包蹦极，活动中蹦极者手持重物，方法是当蹦极者接近地面时扔掉重物。由于你落下时要沉得多，弹力绳聚集的力量能使你向上弹出时高过起始的平台高度。这种活动的危险是你有可能撞到平台。

第七，在决定蹦极之前要确保天气状况良好。如果风力很大，会影响你弹跳的方向，带来不安全因素。如果当地在下雨，或最近一段时间经常下雨，绳子可能受潮，也会造成安全隐患。

第八，跳之前要确定所有设备都能安全使用。蹦极一般用竖钩或弹簧来保证安全，这些设施应该被牢牢地固定在正确的地方。曾经因为这些设备没有安装对地方而发生过事故，因此你起跳前应该确保它们已经安装好。

第九，饮酒后不要参加蹦极活动。酒精不仅会损害你的判断力，还会使你急于冒险，并且不太在意安全措施。

第十，确保绳子垂出去的方式能够让你安全弹跳，如果绳子被钩住或缠在一起的话，你就有可能受伤。

第十一，许多蹦极点都使用一条主安全绳，另外还有一条备用绳，以在第一条发生断裂时派上用场。曾经发生过这样的事故，第一条安全绳断裂，而备用的那条长度又不对。

第十二，如果绳子看起来磨损得厉害，不要进行蹦极。绳子有使用期限，超出期限必须更换。一些蹦极点的管理者可能使用超出期限的绳子。

第十三，蹦极在气候温暖、阳光灿烂的旅游点尤其流行。绳子会受阳光暴晒的影响，因此紫外线辐射也应列入缩短绳子使用寿命的因素。如果要进行蹦极活动，最好在早晨，在绳子完全处于阳光暴晒和高温之前。

第十四，蹦极对身体素质要求较高，凡是有心、脑病史的人不能参加。凡是深度近视者要慎重，因为蹦极跳下时头朝下，人身体以 9.8 米/秒方的加速度下坠，很容易脑部充血而造成视网膜脱落。跳下前应充分活动身体各部位，以防扭伤或拉伤。着装要尽量简练、合身，不要穿易飞散或兜风的衣物，否则曝光可没人管。跳出后要注意控制身体，不要让脖子或胳膊被弹索卷到。最后，如果采用绑腿式跳法，腿部和脚部一定不能有骨折的病史。

什么是滑板？

　　滑板项目可谓是极限运动的鼻祖，许多的极限运动项目均由滑板项目延伸而来。20 世纪 50 年代末 60 年代初由冲浪运动演变而成的滑板运动，在而今已成为地球上最"酷"的运动。滑板是用来进行滑板活动的一种窄的、有轮子的板子。滑板最早的发明时间已经不可考。自从 1960 年代滑板开始被大量生产以来，滑板改变了很多。过去的滑板常常类似冲浪板，没有脚窝并使用木头或塑胶制作。轮子通常用黏土合成或是金属制作。现在，许多小孩和少年都喜欢玩滑板。

　　1950 年，一位商人将溜冰鞋的橡胶轮子，装在缩小比例的苹果台车上，于是有了滑板的问世。1960 年中叶，塑胶轮替代原有的橡胶轮，使得玩滑板风气迅速流行世界各地。1970 年，密封式轴承替代原来浸水就生锈，不方便保养，容易起躁声的开放式轴承。由于滑板产品的技术改良成熟，使得滑板成为划时代新产品。

　　滑板分为玩具板和运动型滑板两类。玩具板指仅供滑行的滑板，初学者也可以用。初学者应选择平坦的滑行场地，在滑行时应戴上护肘、护腕、护膝、头盔等护具。运动型滑板适用于滑行技术水平较高的滑板运动爱好者。由于运动者要做各种高难动作以及各

种花样，因此运动型滑板的所有各部件的强度以及各种性能指标应满足使用要求。具体分街式和 U 池，公路式，山坡速降式，区别不大。U 池滑板略宽，桥式比较软，公路式板面很长，山坡速降式有较高的桥和充气轮胎。滑板主要由板面，砂纸，桥（支架）、轮子、锁紧螺母、缓冲垫、轴承等组成。

滑板基本动作有以下几种：

滑行：以前脚放置于板身前段 1/2 间，后脚踩踏撑地推进，身体重心放前，则滑板即可向前滑行。

转弯：有两种转弯方法。第一种是以撑地那只脚收回置于板尾翘起处，施加压力，令板身前端微微翘尸起，再利用身体腰力做适当角度大小旋转，即可转弯。这种方法只适用于滑板速度没那么快的时候。第二种方法最常见、也是最方便的。当在滑行时，把身体重心稍微往你身体面对的方向倾，或往你背部面对的方向倾，这样也可以到达转弯的效果。

停止：以用力那只脚伸放地面，以鞋子摩擦地面即可停止。

滑板是比较安全的运动。根据 1997 美国运动受伤人员对照表，可以看到滑板的受伤人数占总人数的比例相对其他运动来说是很低的，居然排在钓鱼之后。滑板者通常应戴上各种防护设备，比如头盔、护膝、护肘、护掌等。通常在各种 U 池上运动的滑板手都需要佩戴所有这些装备。由于这些装备妨碍运动，而且街式滑板速度慢，冲击小，很多街式滑板者不佩戴这些，但是建议至少应该戴上头盔。安全的另一方面来源于你自己。不要做超过自己能力的动作，不要在不熟悉的地点作出难度较大的动作。做各种技巧之前先查看地形，看附近是否有危险物品存在，比如碎玻璃，尖锐的栅栏顶部等，不要随身携带尖锐物。

滑板出招比赛是一个关于滑板与滑板带来的乐趣的比赛。

滑板比赛规则如下：

人少可通过石头剪刀布等来得出出招的先后顺序。

人多可通过黑白来排序。排在第一号的选手做一个他的动作，然后后面的选手都要做出这个动作，接动作失败的选手得到一个字母，第一个字母是"S"，第二个字母是"K"，直到拼出了"S－K－A－T－E"，此选手便出局了。第一号选手出招失败，轮下一位继续出招。依次循环。如果第一个做动作的选手失败了，那么第二个选手做自己的动作，后面的选手都做第二个选手的动作。

什么是攀岩？

攀岩运动也属于登山运动，攀登对象主要是岩石峭壁或人造岩墙。攀登时不用工具，仅靠手脚和身体的平衡向上运动，手和手臂要根据支点的不同，采用各种用力方法，如抓、握、挂、抠、撑、推、压等。攀岩时要系上安全带和保护绳，配备绳索等以免发生危险。

最早的攀岩者当然是远古的人类，可以想见的是，他们为了躲

避猎食者或者是敌人，而在某个危急的时候纵身一跃，从而成就了攀岩这项运动。

"会当凌绝顶，一览众山小。"攀岩运动以其独有的登临高处的征服感吸引了无数爱好者。攀岩运动是从登山运动中派生来的新项目，也是登山运动中的一项竞技体育项目。它集健身、娱乐、竞技于一体，既要求运动员具有勇敢顽强、坚忍不拔的拼搏进取精神，又需要具有良好的柔韧性、节奏感及攀岩技巧，这样才能娴熟地在不同高度、不同角度的陡峭岩壁上轻松、准确地完成身体的腾挪、转体、跳跃、引体等惊险动作，给人以优美、流畅、刺激、力量的感受。

由于登高山对普通人来讲机会很少，而攀爬悬崖峭壁机会相对较多，且更富有刺激和挑战，所以攀岩作为一项独立的、被广大青少年所喜爱的运动迅速在全世界普及开来。这项运动是利用人类原始的攀爬本能，借以各种装备作安全保护，攀登一些岩石所构成的峭壁、裂缝、海蚀崖、大圆石以及人工制造的岩壁。由于攀登者在岩壁上稳如壁虎又矫似雄鹰，是一项极具美感和观赏性的运动，被誉为"岩壁芭蕾"。

惊险刺激是攀岩运动最根本的特点，并能充分满足人们要求回归自然、寻求刺激、从中挑战自然、挑战自我的欲望，这是它深受人们喜爱的根源。人工岩壁的出现，使攀岩已发展到既是一项运动又是一项娱乐。目前在国外，各种攀岩俱乐部到处可见，每年举办大型、小型、室内、室外、成年、青少年、男子、女子等各种不同形式的攀岩比赛和娱乐活动。另外，在一些体育中心、军警训练基地以及一些特种部队中也开展了这种训练。

攀岩的装备器材是攀岩运动的一部分，是攀岩者的安全保证，尤其在自然岩壁的攀登中。因此，平时要爱护装备并妥善保管。攀岩装备分为个人装备和攀登装备。个人装备指的是安全带、下降器、安全铁锁、绳套、安全头盔、攀岩鞋、镁粉和粉袋等。

攀岩的基本要领：

抓，用手抓住岩石的凸起部分。

抠，用手抠住岩石的棱角、缝隙和边缘。

拉，在抓住前上方牢固支点的前提下，小臂贴于岩壁，抠住石缝隙或其他地形，以手臂和小臂使身体向上或向左右移动。

推，利用侧面、下面的岩体或物体、以手臂的力量使身体移动。

张，将手伸进缝隙里，用手掌或手指曲屈张开攀岩，以此抓住岩石的缝隙做为支点，移动身体。

蹬，用前脚掌内侧或脚趾的蹬力把身体支撑起来，减轻上肢的负担。

跨，利用自身的柔韧性，避开难点，以寻求有利的支撑点。

挂，用脚尖或脚跟挂住岩石，维持身体平衡使身体移动。

踏，利用脚前部下踏较大的支点，减轻上肢的负担，移动身体。

三点固定法是攀岩的基本方法，要领是：对身体各部位的姿势和动作有一定的要求。

身体姿势：攀登岩石峭壁时身体要自然放松，以3个支点稳定

身体重心,而重心要随攀登动作的转换移动,这是攀岩能否稳定、平衡、省力的关键。要想身体放松就要根据岩壁陡缓程度,使身体和岩壁保持一定距离,靠得太近,会影响观察攀岩路线和选择支点。但在攀登人工岩壁时要贴得很近。在自然岩壁攀登时,上、下肢要协调舒展,盘眼要有节奏,上拉、下蹬要同时用力,身体重心一定要落在脚上,保持面向岩壁、三点固定支撑、直立于岩壁的攀登姿势。

手臂的动作:手在攀登中是抓住支点、维持身体平衡的关键,手臂力量的大小直接影响攀登的质量和效果。因此,一个优秀的攀岩运动员必须有足够的指力、腕力和臂力。对初学者来说,在不善于充分利用下肢力量的情况下,手臂的动作就显得更为重要。手臂如何用力?在人工岩壁攀登和自然岩壁攀登时情况不同,前者要求第一指关节用力抠紧支点的同时,手腕要紧张,手掌要贴在岩壁上,小臂也要随手掌紧贴岩壁而下垂,在引体时,手指(握点)有下压抬臂动作,其动作规律是,重心活动轨迹变化不大,节奏更为明显。但攀登自然岩壁时其动作就变化很大,要根据支点不同采用各种用力方法,如抓、握、挂、抠、扒、捏、拉、推压、撑等。

脚的动作:一个优秀攀岩运动员的攀登技术发挥得好坏,关键是两腿的力量是否能充分利用。只靠手臂力量攀登不可能持久。脚的动作要领是,两腿外旋,大脚趾内侧贴近岩面,两腿微屈,以脚踩支点维持身体重心,在自然岩壁支点大小不一和方向不同的情况下,要灵活运用。但要切记,膝部不要接触岩石面,否则会影响到脚的支撑和身体平衡,甚至会造成滑脱而使膝部受伤。另外,在用脚踩支点时，切忌用力过猛，并要掌握用力的方向。

手脚配合：凡优秀攀岩运动员，上、下肢力量是协调运用的。对初学者或技术还不熟练的运动员来说，上肢力量显得更为重要，攀登时往往是上肢引体，下肢蹬压抬腿而移动身体。如果上肢力量差，攀登时就容易疲劳，表现为手臂无力，酸疼麻木，逐渐失去抓握能力。失去抓握能力后，即使有好的下肢力量，也难以继续维持身体平衡。所以学习攀岩，首先要练好上肢力量，上肢又要以手指和手腕、手臂力量为主，再配合以脚腕、脚趾以及腿部的力量，使身体重心随着用力方向的不同而协调地移动，手脚动作的配合也就自如了。